DISCLAIMER

The author and publisher are providing this book and its contents on an "as is" basis and make no representations or warranties of any kind with respect to this book or its contents. The author and publisher disclaim all such representations and warranties, including but not limited to warranties of merchantability. In addition, the author and publisher do not represent or warrant that the information accessible via this book is accurate, complete, or current.

Except as specifically stated in this book, neither the author nor publisher, nor any authors, contributors, or other representatives will be liable for damages arising out of or in connection with the use of this book. This is a comprehensive limitation of liability that applies to all damages of any kind, including (without limitation) compensatory; direct, indirect, or consequential damages; loss of data, income, or profit; loss of or damage to property; and claims of third parties.

BESTACTIVITYBOOKS.COM

FIRST EDITION - Published 2022

Extra Graphic Material From: www.freepik.com
Thanks to: Alekksall, Starline, Pch.vector, Rawpixel.com, Vectorpocket, Dgim-studio, Upklyak, Macrovector, Stockgiu, Pikisuperstar & Freepik.com Designers

GET
YOUR
BONUS
FREE
CODE: WSBONUS20

5 TIPS TO START!

1) HOW TO SOLVE

The Puzzles are in a Classic Format:

- Words are hidden without breaks (no spaces, dashes, ...)
- Orientation: Forward & Backward, Up & Down or in Diagonal (can be in both directions)
- Words can overlap or cross each other

2) ACTIVE LEARNING

To encourage learning actively, a space is provided next to each word to write down the translation. The **DICTIONARY** allows you to verify and expand your knowledge. You can look up and write down each translation, find the words in the Puzzle then add them to your vocabulary!

3) TAG YOUR WORDS

Have you tried using a tag system? For example, you could mark the words which have been difficult to find with a cross, the ones you loved with a star, new words with a triangle, rare words with a diamond and so on...

4) ORGANIZE YOUR LEARNING

We also offer a convenient **NOTEBOOK** at the end of this edition. Whether on vacation, travelling or at home, you can easily organize your new knowledge without needing a second notebook!

5) FINISHED?

Go to the bonus section: **MONSTER CHALLENGE** to find a free game offered at the end of this edition!

Want more fun and learning activities? It's Fast and Simple!
An entire Game Book Collection just one click away!

Find your next challenge at:

BestActivityBooks.com/MyNextWordSearch

Ready, Set... Go!

Did you know there are around 7,000 different languages in the world? Words are precious.

We love languages and have been working hard to make the highest quality books for you. Our ingredients?

A selection of indispensable learning themes, three big slices of fun, then we add a spoonful of difficult words and a pinch of rare ones. We serve them up with care and a maximum of delight so you can solve the best word games and have fun learning!

Your feedback is essential. You can be an active participant in the success of this book by leaving us a review. Tell us what you liked most in this edition!

Here is a short link which will take you to your order page.

<u>BestBooksActivity.com/Review50</u>

Thanks for your help and enjoy the Game!

Linguas Classics Team

1 - Antiques

N	E	S	E	L	И	Y	K	N	I	O	U	A	J	N
E	L	B	T	P	P	Z	E	O	A	N	E	C	K	H
O	E	E	F	A	Y	I	V	M	V	K	I	J	G	T
B	G	H	I	A	R	T	H	I	G	A	I	N	I	S
I	A	D	R	N	O	I	N	E	C	U	N	T	J	O
Č	N	O	F	A	A	A	D	I	U	F	I	I	I	N
N	T	B	A	Č	N	J	E	И	R	H	F	S	C	T
O	A	I	O	I	K	I	A	O	G	V	S	L	K	E
E	N	V	I	T	A	R	O	K	E	D	P	U	U	M
E	O	И	I	N	V	E	S	T	I	C	I	J	A	U
S	J	D	K	E	D	L	N	A	M	E	Š	T	A	J
T	J	M	E	T	S	A	J	I	N	E	C	E	D	P
I	T	A	P	U	T	G	V	R	E	D	N	O	S	T
L	B	D	F	A	K	V	A	L	I	T	E	T	U	H
R	E	S	T	A	U	R	A	C	I	J	A	U	A	K

UMETNOST
AUKCIJI
AUTENTIČAN
VEK
KOVANICE
DECENIJA
DEKORATIVNE
ELEGANTAN
NAMEŠTAJ
GALERIJA
INVESTICIJA
NAKIT
STARI
CENA
KVALITET
RESTAURACIJA
STIL
NEOBIČNO
VREDNOST

2 - Food #1

H	L	K	G	Š	K	I	K	I	R	I	K	I	L	K
L	I	E	И	A	E	S	B	M	N	C	S	R	B	B
V	M	A	Č	E	J	Ć	M	E	F	M	O	N	J	A
C	U	K	T	R	N	T	E	B	L	S	P	J	P	Z
P	N	E	Ć	E	J	U	O	R	P	I	L	H	S	P
Y	N	L	A	P	D	N	F	J	A	T	L	L	U	K
K	R	M	N	A	F	A	G	U	I	J	Z	U	Y	T
J	A	Š	A	R	G	A	R	E	P	A	K	H	K	R
И	A	J	P	I	R	L	Y	K	R	U	Š	K	E	H
H	P	O	S	J	A	G	O	D	A	O	A	P	K	P
J	A	F	O	I	J	A	F	H	S	C	I	M	E	T
K	D	G	S	P	J	A	E	M	U	H	M	F	M	E
O	J	C	F	I	И	E	B	O	P	I	Z	J	U	F
S	A	L	A	T	A	P	I	Z	A	T	D	H	E	R
B	O	S	I	L	J	A	K	T	I	R	H	O	P	C

KAJSIJE
JEČAM
BOSILJAK
ŠARGAREPA
CIMET
BELI LUK
SOK
LIMUN
MLEKA
LUK

KIKIRIKI
KRUŠKE
SALATA
SO
SUPA
SPANAĆ
JAGODA
ŠEĆERA
TUNA
REPA

3 - Measurements

V	G	E	A	G	S	P	S	P	V	A	O	И	T	R
V	O	L	U	M	E	N	E	T	U	N	I	M	O	M
И	P	H	U	И	S	V	H	N	E	H	J	P	N	E
Y	T	T	P	P	A	R	И	P	Z	P	C	K	A	T
A	M	I	И	M	M	L	U	И	L	V	E	K	N	A
C	E	N	T	I	M	E	T	A	R	I	D	N	I	R
S	P	D	F	F	И	E	O	Š	A	S	U	U	Ž	A
S	A	C	U	K	B	F	N	I	T	I	Ž	H	E	T
E	H	L	B	B	J	P	P	R	E	N	I	G	T	I
U	N	C	A	A	I	H	P	I	M	A	N	Z	B	L
A	H	S	Č	Z	J	N	P	N	O	H	A	G	M	B
U	P	N	N	R	K	T	A	A	L	G	N	R	O	H
O	P	F	I	J	D	Z	I	Y	I	M	I	A	I	M
K	I	L	O	G	R	A	M	U	K	Y	P	M	P	И
D	E	C	I	M	A	L	N	E	N	И	A	R	H	N

BAJT
CENTIMETAR
DECIMALNE
STEPEN
DUBINA
GRAM
VISINA
INČA
KILOGRAM
KILOMETAR
DUŽINA
LITAR
MASE
METAR
MINUT
UNCA
TONA
VOLUMEN
TEŽINA
ŠIRINA

4 - Farm #2

F	P	S	P	R	D	H	T	J	S	И	Ž	N	V	M
H	K	Y	K	O	L	I	V	A	D	A	I	A	O	Z
F	C	O	D	T	V	J	K	V	U	N	V	V	Ć	V
S	L	A	O	K	U	R	V	A	B	A	O	O	E	P
F	A	J	A	A	Y	A	Ć	J	Z	R	T	D	J	A
G	M	P	P	R	U	B	A	A	U	H	I	N	N	Z
J	E	J	A	T	L	M	P	V	R	E	N	J	G	A
J	E	Y	P	N	L	A	N	I	U	P	J	A	A	H
P	H	Č	V	O	Ć	N	J	A	K	D	E	V	J	P
T	Š	Y	A	U	E	M	S	Z	U	K	P	A	G	A
P	C	E	B	M	U	L	A	M	K	N	A	N	O	T
N	C	S	N	E	R	E	M	R	A	F	S	J	V	K
И	Z	F	P	I	N	K	R	P	N	E	T	E	C	A
U	O	G	H	I	C	A	D	B	K	H	I	P	E	U
K	A	Č	A	J	N	E	R	T	E	V	R	M	L	K

ŽIVOTINJE
JEČAM
AMBAR
KUKURUZ
PATKA
FARMER
HRANA
VOĆE
NAVODNJAVANJE
JAGNJE
LAME
LIVADA
MLEKA
VOĆNJAK
OVCE
PASTIR
TRAKTOR
POVRĆA
PŠENICE
VETRENJAČA

5 - Books

N	G	P	E	P	S	K	E	V	Č	P	R	I	Č	A
A	V	R	L	V	F	P	R	V	B	I	C	R	V	M
R	I	S	T	O	R	I	J	S	K	I	T	Y	H	A
A	C	I	N	V	I	T	N	E	V	N	I	A	H	И
T	H	I	R	A	D	A	M	N	O	R	N	R	Č	B
O	G	G	P	K	M	C	L	Č	S	E	D	U	B	P
R	Y	C	D	U	H	O	V	I	T	T	C	T	Y	E
N	И	A	F	O	T	T	R	G	N	S	R	N	K	S
D	V	O	J	N	O	S	T	A	K	K	P	A	C	M
L	K	D	C	Z	И	Z	И	R	O	E	O	V	N	A
B	P	I	T	I	Z	P	P	T	M	T	E	A	A	A
K	O	L	E	K	C	I	J	A	N	N	Z	P	U	K
A	R	E	L	E	V	A	N	T	N	O	I	N	T	S
H	K	L	N	A	P	I	S	A	N	K	J	A	O	J
K	N	J	I	Ž	E	V	N	E	T	P	E	B	R	L

AVANTURA
AUTOR
KOLEKCIJA
KONTEKST
DVOJNOST
EPSKE
ISTORIJSKI
DUHOVIT
INVENTIVNI
KNJIŽEVNE
NARATOR
ROMAN
STRANA
PESMA
POEZIJE
ČITAČ
RELEVANTNO
PRIČA
TRAGIČNE
NAPISAN

6 - Meditation

N	P	M	J	H	D	Y	P	J	N	U	S	J	И	E
A	J	P	U	P	T	V	C	E	И	S	T	K	P	H
E	G	A	G	Z	M	E	N	T	A	L	N	E	N	C
H	M	U	P	R	I	M	C	M	T	E	R	K	O	P
A	E	O	A	S	B	K	U	A	F	Y	P	I	J	P
S	J	N	C	E	J	N	A	S	I	D	R	V	A	E
R	N	R	S	I	L	S	I	M	A	G	I	A	S	R
P	A	I	T	G	J	R	C	T	I	U	R	N	N	S
G	T	M	Z	I	C	A	N	K	K	B	O	K	O	P
Z	A	H	V	A	L	N	O	S	T	A	D	F	Ć	E
B	V	B	T	I	Š	I	N	A	B	J	A	G	E	K
P	H	K	U	L	J	U	B	A	Z	N	O	S	T	T
И	I	V	U	D	H	Z	V	F	Y	Ž	Z	G	M	I
D	R	E	J	N	A	Ć	E	S	O	A	S	I	V	V
P	P	Y	U	M	S	N	D	G	J	P	Z	V	H	E

PRIHVATANJE
PAŽNJA
BUDAN
DISANJE
MIRNO
JASNOĆE
SAOSEĆANJE
EMOCIJA
ZAHVALNOST
NAVIKE
LJUBAZNOST
MENTALNE
UM
POKRET
MUZIKA
PRIRODA
MIR
PERSPEKTIVE
TIŠINA
MISLI

7 - Days and Months

M	A	O	P	G	K	U	P	Z	A	U	P	T	N	N
M	A	T	Č	O	A	M	P	E	A	P	R	I	L	O
A	D	J	E	F	N	K	I	A	T	R	M	N	K	V
R	E	G	T	E	P	E	M	И	И	A	F	E	A	E
Š	R	V	V	B	Y	M	D	U	A	U	K	D	L	M
P	S	И	R	R	Y	E	O	E	Y	N	E	E	E	B
U	U	R	T	U	A	S	M	S	L	A	R	L	N	A
J	U	L	A	A	V	E	A	E	I	J	A	J	D	R
Y	B	B	K	R	G	C	D	P	H	M	A	A	A	A
И	J	T	A	D	U	A	T	T	Z	D	T	K	R	B
J	F	M	R	L	S	N	B	E	O	U	O	B	O	O
S	H	T	O	И	T	I	N	M	P	D	B	D	И	T
D	H	M	T	A	O	D	I	B	R	T	U	P	I	K
P	F	N	U	V	P	O	C	A	M	P	S	I	F	O
Y	U	J	J	D	S	G	C	R	L	P	I	Z	F	J

APRIL
AVGUST
KALENDAR
FEBRUAR
PETAK
JANUAR
JUL
MARŠ
MAJ
PONEDELJAK

MESECA
NOVEMBAR
OKTOBAR
SUBOTA
SEPTEMBAR
ČETVRTAK
UTORAK
SREDA
NEDELJA
GODINA

8 - Energy

A	И	D	B	A	P	M	O	L	M	D	T	J	V	T
H	P	L	A	O	И	C	O	R	O	O	I	I	J	G
E	A	A	T	B	F	I	K	L	Y	P	T	Z	V	M
L	J	K	E	N	R	A	E	L	K	U	N	O	E	L
E	N	O	R	T	K	E	L	E	J	B	O	V	R	L
K	E	V	I	P	O	A	V	J	D	E	T	O	A	I
T	Đ	I	J	M	H	L	F	I	N	N	O	D	P	N
R	A	R	E	L	C	P	P	P	R	Z	F	O	C	D
I	G	O	M	Y	M	N	N	O	Y	I	R	N	K	U
Č	A	G	V	E	T	A	R	R	T	N	A	I	F	S
N	Z	L	T	Z	L	R	C	T	P	R	И	K	A	T
I	H	Z	C	K	C	K	I	N	E	J	L	G	U	R
T	U	R	B	I	N	U	P	E	M	G	J	R	C	I
O	B	N	O	V	L	J	I	V	E	H	D	S	N	J
O	K	R	U	Ž	E	N	J	U	A	K	A	T	V	A

BATERIJE
UGLJENIK
DIZEL
ELEKTRIČNI
ELEKTRON
ENTROPIJE
OKRUŽENJU
GORIVO
BENZIN
TOPLOTE
VODONIK
INDUSTRIJA
MOTOR
NUKLEARNE
FOTON
ZAGAĐENJA
OBNOVLJIVE
PARE
TURBINU
VETAR

9 - Archeology

F	O	S	I	L	O	B	J	E	K	T	E	J	P	J
C	I	V	I	L	I	Z	A	C	I	J	E	B	H	J
A	U	A	K	R	E	K	O	A	Z	I	L	A	N	A
V	A	C	E	O	N	S	G	E	A	S	E	J	И	N
P	K	И	R	S	S	H	E	K	B	N	K	I	O	E
T	J	N	E	E	Y	T	R	A	O	P	S	V	L	P
I	U	P	K	F	Y	S	I	D	R	B	P	K	P	O
D	R	T	A	O	A	S	E	P	A	K	E	I	R	Z
H	R	A	M	R	O	F	P	K	V	R	R	L	O	N
E	И	L	O	P	F	P	M	H	I	R	T	E	C	A
M	I	S	T	E	R	I	J	A	O	T	Y	R	E	T
K	H	P	O	U	A	H	G	V	P	T	N	J	N	T
L	S	R	P	G	R	O	B	N	I	C	A	A	A	I
V	F	R	A	G	M	E	N	T	I	P	P	K	Y	M
I	S	T	R	A	Ž	I	V	A	Č	Y	A	V	R	L

ANALIZA
ANTIKE
KOSTI
CIVILIZACIJE
POTOMAK
ERE
PROCENA
EKSPERT
ZABORAVIO
FOSIL
FRAGMENTI
MISTERIJA
OBJEKTE
PROFESOR
RELIKVIJA
ISTRAŽIVAČ
TIM
HRAM
GROBNICA
NEPOZNAT

10 - Food #2

A	A	O	B	A	A	S	L	M	K	C	G	A	F	Č
M	F	H	M	Y	P	R	I	B	E	I	E	Z	H	A
Č	O	K	O	L	A	D	A	H	C	G	V	L	K	N
G	O	F	H	Y	M	N	A	K	I	R	J	I	E	I
P	A	T	L	I	D	Ž	A	N	N	O	O	E	G	R
P	I	L	E	J	N	Š	I	V	E	Ž	G	P	T	I
V	J	A	K	N	U	Š	L	R	Š	Đ	U	I	D	P
V	Y	Z	O	Y	A	S	L	Y	P	A	R	G	P	P
A	Y	N	Č	A	A	M	A	A	H	V	T	L	T	A
P	S	B	I	B	B	R	O	K	O	L	I	J	I	P
D	D	P	T	M	И	I	P	U	V	D	I	I	T	M
U	L	P	R	J	И	S	T	B	K	Z	J	V	P	T
H	J	F	A	M	B	A	N	A	N	E	J	A	J	K
D	C	P	A	R	A	D	A	J	Z	G	P	M	Y	Y
И	O	J	G	T	Z	K	M	H	O	G	I	B	U	L

JABUKA
ARTIČOKE
BANANE
BROKOLI
CELER
SIR
VIŠNJE
PILE
ČOKOLADA
JAJE
PATLIDŽAN
RIBE
GROŽĐA
ŠUNKA
KIVI
GLJIVA
PIRINAČ
PARADAJZ
PŠENICE
JOGURT

11 - Chemistry

D	K	R	O	T	A	Z	I	L	A	T	A	K	V	I
J	I	O	N	A	T	O	M	S	K	E	A	I	Y	P
U	S	L	U	O	A	E	U	F	M	P	R	S	A	G
U	E	H	K	I	N	O	D	O	V	B	U	E	B	N
O	O	I	L	M	A	V	D	V	U	R	T	L	T	U
C	N	E	E	O	S	C	T	И	F	Z	A	I	E	Y
P	I	D	A	L	B	V	L	U	И	F	R	N	O	J
T	K	V	R	E	A	L	K	A	L	N	E	E	E	O
T	E	I	N	K	P	V	I	N	P	O	P	M	N	R
J	O	Č	E	U	I	H	N	I	Z	R	M	Z	Z	G
A	D	P	N	L	J	H	E	Ž	A	T	E	R	I	A
L	V	Y	L	O	G	E	J	E	G	K	T	N	M	N
V	D	S	L	O	G	L	L	T	И	E	G	P	S	S
P	S	P	F	B	T	Z	G	A	J	L	A	K	N	K
A	S	O	R	N	Z	E	U	H	B	E	U	A	L	I

KISELINE
ALKALNE
ATOMSKE
UGLJENIK
KATALIZATOR
HLOR
ELEKTRON
ENZIM
GAS
TOPLOTE
VODONIK
JON
TEČNOG
MOLEKUL
NUKLEARNE
ORGANSKI
KISEONIK
SO
TEMPERATURA
TEŽINA

12 - Music

R	P	F	K	E	M	H	V	O	K	A	L	F	G	R
I	P	F	N	O	E	U	A	D	A	L	A	B	H	I
T	E	M	H	И	L	Z	K	R	P	D	F	K	T	T
A	S	M	M	P	O	R	I	O	M	U	B	L	A	M
M	N	G	U	O	D	Y	N	D	E	O	E	U	И	I
M	I	J	H	Z	I	T	O	N	V	P	N	A	Z	Č
K	Č	J	O	I	I	V	M	A	J	E	A	I	E	K
I	K	S	R	I	L	Č	R	Y	V	V	Č	K	J	E
G	E	R	E	P	O	I	A	B	J	A	I	L	N	E
Y	M	P	V	A	O	C	H	R	C	Č	T	A	A	R
F	T	F	M	U	Z	I	Č	K	E	I	K	S	M	C
P	E	V	A	M	A	A	A	E	C	C	E	I	I	S
N	U	N	A	D	V	V	E	И	U	A	L	Č	N	T
M	I	K	R	O	F	O	N	S	L	H	K	N	S	A
C	L	J	N	T	P	P	V	A	M	S	E	E	P	J

ALBUM
BALADA
HOR
KLASIČNE
EKLEKTIČAN
HARMONIKA
HARMONIJE
LIRSKI
MELODI
MIKROFON
MUZIČKE
MUZIČAR
OPERE
PESNIČKE
SNIMANJE
RITAM
RITMIČKE
PEVAM
PEVAČICA
VOKAL

13 - Family

N	I	S	P	O	P	C	V	A	P	M	S	M	E	A
S	E	I	O	A	P	R	K	A	И	A	E	H	U	A
H	R	Ć	R	F	L	S	E	B	P	J	S	A	G	I
N	F	I	A	K	U	N	U	D	D	K	T	A	K	P
R	K	C	C	K	P	J	D	O	A	A	R	V	P	K
Y	O	V	E	A	I	A	Z	L	D	K	A	T	D	V
R	Y	Đ	D	F	K	N	T	E	T	K	A	S	B	U
F	A	E	A	P	I	Y	J	M	U	Ž	Z	J	И	S
A	A	C	K	K	C	L	I	A	O	T	D	N	D	T
M	A	J	Č	I	N	S	K	E	K	S	N	I	Č	O
S	U	P	R	U	G	A	B	P	R	K	E	T	E	D
E	Z	L	D	C	U	S	И	E	T	N	Ć	E	E	O
U	N	U	K	И	J	N	I	J	M	U	A	D	E	D
A	R	F	G	Y	A	K	R	E	Ć	B	K	M	G	D
P	B	R	A	T	K	P	B	I	B	P	M	U	P	P

PREDAK
TETKA
BRAT
DETE
DETINJSTVA
DECA
ROĐAK
ĆERKA
UNUKA
DEDA
UNUK
MUŽ
MAJČINSKE
MAJKA
NEĆAK
NEĆAKINJA
OČINSKE
SESTRA
UJAK
SUPRUGA

14 - Farm #1

K	T	M	I	I	A	P	F	T	J	P	R	I	B	R
G	G	A	N	A	R	V	I	И	И	O	L	O	K	E
R	M	G	L	H	R	H	S	O	N	G	A	N	A	A
J	K	A	E	E	M	E	S	G	R	U	A	И	J	J
K	Y	R	Y	D	Č	A	O	P	E	Z	H	K	U	D
U	L	A	S	K	S	P	P	O	L	J	E	O	I	I
P	O	C	Z	L	O	O	G	P	I	R	I	N	A	Č
B	A	V	A	R	K	Z	G	F	P	H	E	E	B	K
I	Z	S	M	E	D	T	A	K	Č	A	M	S	L	K
Z	T	P	O	L	J	O	P	R	I	V	R	E	D	E
O	E	Y	F	L	Y	B	O	P	S	R	J	P	S	U
N	L	M	Y	P	N	B	H	B	Y	K	O	N	J	H
C	E	Đ	U	B	R	I	V	A	D	O	V	O	S	P
V	H	F	R	S	A	I	B	C	C	U	P	Z	Y	M
O	T	И	U	M	A	R	Z	O	O	G	R	A	D	E

POLJOPRIVREDE
PČELA
BIZON
TELE
MAČKA
PILE
KRAVA
VRANA
PAS
MAGARAC
OGRADE
ĐUBRIVA
POLJE
KOZA
SENO
MED
KONJ
PIRINAČ
SEME
VODA

15 - Camping

K	И	И	B	P	Z	Š	U	M	A	U	O	D	L	A
O	F	F	V	O	A	P	B	O	C	R	S	T	K	V
N	R	H	V	Ž	B	J	R	Y	B	A	M	L	I	A
O	B	I	I	A	A	P	V	I	N	B	A	D	R	N
P	A	A	Š	R	V	N	I	И	R	B	P	A	И	T
A	I	C	F	E	A	K	S	R	O	O	A	Y	D	U
C	I	L	Y	J	Š	B	E	I	T	T	D	G	R	R
E	N	P	U	N	A	K	Ć	P	S	И	A	A	V	A
S	S	L	D	I	Z	K	A	N	L	V	R	I	E	N
E	E	C	R	T	S	O	R	E	Z	E	J	J	Ć	Z
M	K	K	L	O	V	M	P	K	B	N	V	Z	A	L
S	T	O	K	V	T	P	O	F	K	I	R	L	И	T
G	Y	E	N	I	N	A	L	P	A	B	L	E	V	B
B	N	Y	A	Ž	I	S	Š	D	F	A	B	V	G	A
V	L	M	N	F	S	F	M	G	O	K	E	R	D	Y

AVANTURA
ŽIVOTINJE
KABINE
KANU
KOMPAS
POŽAR
ŠUMA
ZABAVA
VISEĆA
ŠEŠIR
LOV
INSEKT
JEZERO
MAPA
MESEC
PLANINE
PRIRODA
KONOPAC
ŠATOR
DRVEĆA

16 - Algebra

D	T	Z	F	A	K	T	O	R	Y	A	P	I	F	L
B	I	U	R	P	R	O	B	L	E	M	G	U	R	A
O	E	J	N	E	Š	E	R	Y	P	R	R	L	A	Ž
D	J	O	A	O	E	M	E	G	J	D	I	U	K	N
S	N	R	V	G	N	A	C	I	R	T	A	M	C	E
E	A	B	I	O	R	J	V	C	T	A	V	R	I	I
K	M	H	J	H	A	A	E	A	N	Z	F	O	J	U
S	I	C	L	I	E	D	M	D	E	C	A	F	A	P
S	Z	P	N	N	N	A	L	U	N	Z	N	T	T	L
A	U	R	E	J	I	R	I	S	O	A	I	Y	L	P
Z	D	A	M	L	L	G	J	A	P	P	Č	U	U	H
I	O	S	O	G	V	A	C	P	S	T	I	I	O	U
T	A	J	R	N	И	Z	L	A	K	D	L	I	N	M
C	A	Z	P	Y	E	L	N	S	E	N	O	F	F	A
B	E	S	K	R	A	J	N	A	E	L	K	O	J	J

DIJAGRAM
ODSEK
JEDNAČINA
EKSPONENT
FAKTOR
LAŽNE
FORMULU
FRAKCIJA
GRAF
BESKRAJNA

LINEARNE
MATRICA
BROJ
ZAGRADA
PROBLEM
KOLIČINA
REŠENJE
ODUZIMANJE
PROMENLJIVA
NULA

17 - Numbers

D	Č	E	T	R	N	A	E	S	T	F	S	A	G	L
Z	E	P	E	T	N	A	E	S	T	U	E	P	J	M
A	Z	V	O	T	S	E	A	N	M	A	D	E	S	A
T	E	A	E	D	E	V	E	T	N	I	A	T	И	S
J	R	O	P	T	T	T	S	E	A	N	M	A	S	O
E	G	I	C	E	N	D	V	A	Š	A	P	Z	L	D
D	Y	И	N	P	Y	A	O	A	T	E	A	S	L	E
A	I	D	O	A	C	L	E	A	J	G	S	N	M	S
N	N	E	A	F	E	O	K	S	S	J	P	T	A	E
F	R	C	J	H	J	S	V	G	T	A	A	M	A	T
O	S	A	M	Y	B	P	T	N	A	E	C	I	N	V
D	V	A	D	E	S	E	T	S	E	A	N	A	V	D
H	B	M	T	И	Č	E	T	I	R	I	T	T	G	N
Š	E	S	N	A	E	S	T	D	U	T	R	M	C	D
D	E	C	I	M	A	L	N	E	Y	И	I	P	V	H

DECIMALNE
OSAM
OSAMNAEST
PETNAEST
PET
ČETIRI
ČETRNAEST
DEVET
DEVETNAEST
JEDAN
SEDAM
SEDAMNAEST
ŠEST
ŠESNAEST
DESET
TRINAEST
TRI
DVANAEST
DVADESET
DVA

18 - Spices

K	S	U	K	U	M	И	P	I	G	P	R	P	K	N
U	Z	B	M	O	C	I	M	E	T	B	L	U	K	A
M	P	U	U	C	M	J	R	A	A	E	F	P	N	A
I	R	B	A	M	Z	O	I	S	O	L	P	T	V	N
N	N	M	R	E	D	Z	R	O	R	I	B	M	U	Đ
D	K	Ć	K	D	U	H	A	A	C	L	J	B	K	K
E	Ć	I	D	A	L	S	K	K	Č	U	H	I	O	A
A	H	L	C	V	P	M	T	I	A	K	P	B	R	R
G	R	I	Y	A	J	F	U	R	I	Z	I	E	I	D
S	H	F	V	N	G	P	N	P	M	U	A	R	J	A
C	L	N	M	I	O	D	N	A	R	F	A	Š	A	M
И	Z	A	S	L	R	G	H	P	B	R	Z	L	N	O
M	O	R	T	E	K	И	A	N	I	S	A	T	D	M
P	L	A	C	K	A	V	G	H	P	P	Y	V	E	L
A	B	K	A	G	O	D	T	H	V	A	E	T	R	E

ANISA
GORKA
KARDAMOM
CIMET
KARANFILIĆ
KORIJANDER
KUMIN
KARI
KOMORAČ
UKUS
BELI LUK
ĐUMBIR
SLADIĆE
LUK
PAPRIKA
BIBER
ŠAFRAN
SO
SLATKO
VANILE

19 - Universe

U	T	J	O	U	A	G	И	A	M	A	T	G	J	S
N	C	E	R	L	S	A	T	S	M	Z	L	S	Y	O
C	И	B	B	L	T	L	P	T	U	E	P	S	F	L
K	Y	M	I	T	R	A	F	E	A	C	S	B	B	S
A	O	K	T	N	O	K	R	R	M	B	N	E	L	T
S	B	S	U	O	N	S	O	O	M	G	L	I	C	I
T	E	A	M	Z	O	I	T	I	K	Y	A	P	O	C
R	N	K	M	I	M	J	A	D	G	S	R	B	I	I
O	A	E	И	R	Č	A	V	R	K	A	E	F	T	J
N	P	P	S	O	D	K	K	O	A	И	F	B	A	A
O	A	N	P	H	K	M	E	E	E	N	S	K	E	J
M	V	I	D	L	J	I	V	E	O	A	O	H	E	N
I	S	O	L	A	R	N	E	A	N	U	M	B	U	V
J	T	E	L	E	S	K	O	P	H	C	T	I	F	B
E	R	E	F	S	I	M	E	H	O	B	A	R	E	J

ASTEROID
ASTRONOM
ASTRONOMIJE
ATMOSFERA
NEBESKO
KOSMIČKE
TAMA
EON
EKVATOR
GALAKSIJA
HEMISFERE
HORIZONT
MESEC
ORBITU
NEBO
SOLARNE
SOLSTICIJA
TELESKOP
VIDLJIVE

20 - Mammals

O	P	P	R	L	I	H	N	T	M	L	J	T	S	Ž
G	V	A	L	I	P	A	G	T	E	Z	P	B	V	I
F	J	C	J	S	S	L	O	N	D	D	R	K	U	R
Y	O	M	E	I	A	G	K	U	V	S	A	P	F	A
F	V	J	H	C	L	B	E	N	E	A	A	B	Y	F
L	I	O	R	A	S	A	N	B	D	C	T	V	A	A
L	P	J	O	T	L	A	G	G	O	R	I	L	A	R
A	K	T	M	O	H	O	U	J	E	L	K	Y	K	N
L	C	L	P	J	V	G	R	I	H	H	S	N	Č	Z
Ƀ	J	И	D	O	Z	C	T	J	M	Y	H	D	A	E
И	B	Z	T	K	G	M	A	J	M	U	N	E	M	B
V	D	V	D	U	O	B	T	R	C	N	O	L	J	R
U	O	J	F	D	F	N	R	D	E	V	U	F	B	A
P	I	L	S	F	P	A	J	Z	E	C	J	I	K	A
B	I	K	P	V	D	G	Z	A	S	J	Y	N	S	L

MEDVED
DABAR
BIK
MAČKA
KOJOTA
PAS
DELFIN
SLON
LISICA
ŽIRAFA
GORILA
KONJ
KENGUR
LAV
MAJMUN
ZEC
OVCE
KIT
VUK
ZEBRA

21 - Bees

Y	E	K	N	D	V	T	Y	P	K	K	S	O	C	L
N	E	L	O	P	U	И	M	H	O	U	T	P	V	A
T	R	H	U	R	M	O	A	R	Š	N	A	R	E	I
U	A	R	O	J	I	S	U	A	N	A	N	A	Ć	T
P	Z	R	Y	Z	D	S	K	N	I	J	I	Š	E	L
И	N	T	Z	F	L	U	T	A	C	T	Š	I	G	D
T	O	B	D	H	E	C	P	A	E	T	T	V	F	I
P	L	U	I	O	F	F	Y	P	N	A	E	A	N	V
A	I	L	E	L	I	A	D	S	R	C	C	Č	И	O
Y	K	B	K	V	J	Z	Y	U	I	I	V	D	B	Ć
R	O	B	B	И	Z	K	M	N	N	J	J	E	P	E
I	S	V	O	S	A	K	E	C	S	L	J	M	T	I
D	T	M	T	P	B	C	M	E	E	A	T	Š	A	B
E	K	O	S	I	S	T	E	M	K	R	U	Z	N	L
K	A	M	D	P	A	Z	U	A	T	K	J	C	D	S

KORISTAN
CVET
RAZNOLIKOST
EKOSISTEM
CVEĆE
HRANA
VOĆE
BAŠTA
STANIŠTE
KOŠNICE
MED
INSEKT
BILJKE
POLEN
OPRAŠIVAČ
KRALJICA
DIM
SUNCE
ROJ
VOSAK

22 - Weather

L	Y	A	J	S	P	Y	A	G	G	D	P	O	S	O
T	B	Y	N	U	S	N	O	M	R	C	G	C	A	K
J	O	A	P	V	T	N	F	R	M	I	O	O	P	G
A	I	R	I	A	M	I	L	K	L	M	A	G	L	A
T	T	U	N	I	A	P	B	U	J	Y	M	И	V	K
M	R	T	R	A	T	E	V	R	A	O	L	U	J	A
O	O	A	A	P	D	E	L	A	V	S	H	E	J	L
S	P	R	L	T	O	O	M	G	I	U	U	B	Y	B
F	S	E	O	L	F	V	V	A	N	Š	K	U	K	O
E	K	P	P	Z	V	C	E	N	A	E	H	D	Y	C
R	E	M	M	U	N	J	E	T	C	D	J	M	F	I
A	I	E	O	O	S	И	S	N	A	Y	U	H	N	A
A	A	T	И	A	И	O	D	E	R	R	N	G	L	J
K	R	V	H	T	D	A	J	B	K	K	A	T	A	P
N	B	P	D	O	И	И	V	O	Y	И	L	C	N	C

ATMOSFERA
POVETARAC
KLIMA
OBLAK
SUŠE
SUVA
MAGLA
URAGAN
LED
MUNJE
MONSUN
POLARNI
DUGA
NEBO
OLUJA
TEMPERATURA
GRMLJAVINA
TORNADO
TROPSKE
VETAR

23 - Adventure

P	E	O	V	И	P	O	D	R	E	D	I	Š	T	E
E	R	N	P	N	C	A	N	E	Ć	U	H	E	S	N
E	E	I	T	A	S	N	A	Š	O	J	R	K	O	O
A	Ć	K	J	U	S	S	F	A	K	I	A	S	N	V
L	U	A	S	A	Z	A	I	C	Š	C	B	K	V	A
E	J	E	P	D	T	I	N	E	E	A	R	U	I	T
P	U	D	И	O	S	E	J	D	T	G	O	R	T	C
O	Đ	F	J	R	O	A	L	A	B	I	S	Z	K	I
T	A	G	K	I	D	F	F	J	Z	V	T	I	A	Z
A	N	I	K	R	A	T	M	B	I	A	A	J	E	A
E	E	E	P	P	R	V	Z	S	K	N	M	E	Z	Z
A	N	D	P	R	I	P	R	E	M	A	E	M	E	O
F	Z	F	N	E	O	B	I	Č	N	O	S	B	Z	V
S	I	G	U	R	N	O	S	T	A	S	H	E	H	A
P	R	O	G	R	A	M	P	A	L	A	H	P	N	C

AKTIVNOST
LEPOTA
HRABROST
IZAZOVA
ŠANSA
OPASAN
ODREDIŠTE
TEŠKOĆE
ENTUZIJAZAM
EKSKURZIJE
PRIJATELJI
PROGRAM
RADOST
PRIRODA
NAVIGACIJU
NOVA
PRIPREMA
SIGURNOST
IZNENAĐUJUĆE
NEOBIČNO

24 - Restaurant #2

P	S	J	H	P	M	V	G	B	K	P	V	И	A	V
N	O	И	A	K	I	Š	A	K	E	D	E	L	S	I
A	G	V	T	L	P	J	J	P	L	R	Č	P	P	L
P	E	K	R	A	G	R	A	P	N	Y	E	И	Y	J
I	K	V	O	Ć	A	H	J	S	E	K	R	S	V	U
T	N	V	T	D	E	B	I	R	R	Z	A	N	O	Š
A	D	O	V	G	Ć	T	N	G	R	T	P	Č	V	K
K	N	H	N	H	O	T	I	O	N	S	U	K	U	A
M	P	R	И	P	V	И	Č	U	H	O	S	F	F	R
S	T	O	L	I	C	A	A	T	A	L	A	S	A	C
R	E	Z	A	N	C	I	Z	H	И	E	P	P	V	O
D	A	U	S	P	J	Z	L	M	U	K	D	K	A	H
K	P	E	H	M	R	И	S	R	Y	K	H	G	N	U
И	R	K	B	J	P	N	V	Z	P	M	V	R	Z	D
T	A	H	A	C	K	Y	L	H	F	C	D	O	J	S

NAPITAK
TORTA
STOLICA
UKUSNO
VEČERA
JAJA
RIBE
VILJUŠKA
VOĆE
LED

RUČAK
REZANCI
SALATA
SO
SUPA
ZAČINI
KAŠIKA
POVRĆE
KELNER
VODA

25 - Geology

C	K	V	A	R	C	G	K	O	M	P	Z	S	F	I
P	I	N	P	G	R	E	R	C	I	B	O	R	O	A
E	S	K	Z	O	H	J	I	S	N	K	C	R	S	P
R	E	C	L	E	E	Z	S	O	E	J	S	H	I	L
L	R	K	A	U	F	I	T	A	R	O	T	A	L	P
Y	T	A	R	E	S	R	A	V	A	L	A	K	T	Z
T	O	L	O	S	N	A	L	R	L	S	L	A	B	Z
N	J	C	K	V	C	V	A	U	A	H	A	V	И	K
E	L	I	E	R	O	Z	I	J	E	I	K	E	P	L
N	M	J	V	A	U	B	C	B	K	Z	T	R	U	P
I	E	U	J	P	K	F	C	U	C	J	I	N	E	I
T	Z	M	S	F	N	L	G	U	V	F	T	A	P	L
N	P	N	A	K	L	U	V	U	B	A	B	A	V	H
O	S	P	O	K	I	S	E	L	I	N	E	D	C	D
K	T	C	U	E	P	T	K	D	D	C	O	J	C	V

KISELINE
KALCIJUM
KAVERNA
KONTINENT
KORAL
KRISTALA
CIKLUSA
ZEMLJOTRES
EROZIJE
FOSIL

GEJZIR
LAVA
SLOJ
MINERALA
PLATO
KVARC
SO
STALAKTIT
KAMEN
VULKAN

26 - House

S	H	L	N	U	B	O	G	P	A	A	V	B	S	I
И	E	Z	S	N	I	M	A	K	I	U	J	A	R	Y
A	И	B	A	A	B	M	E	T	L	A	A	Š	B	J
E	A	P	D	V	L	A	D	U	U	Z	M	T	O	G
V	V	M	I	A	I	M	P	B	M	H	I	A	M	A
V	G	G	F	T	O	S	A	P	O	R	A	D	L	R
K	Š	P	O	O	T	A	P	L	A	O	N	B	A	A
V	U	V	F	H	E	P	O	D	O	Z	P	Y	M	Ž
L	T	H	O	I	K	C	U	Y	L	O	A	G	P	A
V	S	O	I	H	E	M	E	D	A	R	G	O	A	T
N	J	P	U	N	R	U	J	S	D	P	A	Y	I	A
J	B	S	U	A	J	A	T	Š	E	M	A	N	V	R
G	B	P	U	F	N	A	A	Y	L	V	O	R	K	V
V	L	K	P	G	K	F	U	F	G	U	A	B	O	S
T	A	S	T	E	R	I	A	N	O	N	E	Z	O	T

TAVANU
METLA
ZAVESE
VRATA
OGRADE
KAMIN
POD
NAMEŠTAJ
GARAŽA
BAŠTA

TASTERI
KUHINJA
LAMPA
BIBLIOTEKE
OGLEDALO
KROV
SOBA
TUŠ
ZID
PROZOR

27 - Physics

F	C	V	H	M	H	E	M	I	J	S	K	E	G	S
J	O	L	G	A	C	I	T	S	E	Č	E	R	U	И
J	И	J	A	G	Z	И	L	O	K	C	L	F	S	R
I	O	L	I	N	R	H	J	A	I	A	E	O	T	F
И	K	E	R	E	S	A	M	H	N	B	K	R	I	R
A	G	K	D	T	D	И	O	I	A	R	T	M	N	E
И	Z	E	I	I	L	D	T	U	H	Z	R	U	E	K
Y	H	Z	F	Z	U	A	A	E	E	I	O	L	D	V
P	S	R	O	A	G	B	A	M	M	N	N	U	P	E
R	A	O	D	M	A	L	R	K	O	A	J	P	N	N
P	M	H	A	J	S	Y	A	Z	M	L	U	I	A	C
N	U	K	L	E	A	R	N	E	A	O	E	R	F	I
B	R	Z	I	N	E	Y	B	Z	I	N	T	K	K	J
U	N	I	V	E	R	Z	A	L	N	A	J	O	U	A
A	H	T	T	S	O	N	V	I	T	A	L	E	R	L

UBRZANJE
ATOM
HAOS
HEMIJSKE
GUSTINE
ELEKTRON
MOTOR
FORMULU
FREKVENCIJA
GAS
MAGNETIZAM
MASE
MEHANIKE
MOLEKUL
NUKLEARNE
ČESTICA
RELATIVNOST
BRZINA
UNIVERZALNA
BRZINE

28 - Shapes

O	G	U	J	G	M	O	K	P	I	L	K	И	Y	Y
S	V	L	C	C	T	G	U	R	K	R	L	R	I	B
T	И	A	U	Z	R	N	P	I	E	L	I	P	S	E
R	S	K	L	K	E	E	P	Z	R	V	K	U	S	K
A	U	C	Z	N	D	P	A	M	E	E	I	C	Y	V
N	I	O	B	C	E	D	E	E	E	S	R	R	И	A
A	N	K	J	P	I	R	A	M	I	D	E	P	K	D
J	H	I	P	E	R	B	O	L	A	C	F	O	P	R
F	Y	E	I	U	G	A	O	A	I	I	S	L	O	A
U	E	P	V	S	И	V	M	B	N	L	P	I	J	T
F	G	A	I	F	L	A	A	K	H	I	C	G	R	A
B	I	K	C	G	F	L	C	K	P	N	Y	O	V	F
P	P	И	E	U	B	P	И	O	Y	D	E	N	E	C
T	R	O	U	G	A	O	J	V	V	A	Y	A	E	P
K	I	N	O	A	G	U	O	V	A	R	P	S	R	N

LUK
KRUG
KLIP
UGAO
KOCKA
KRIVE
CILINDAR
IVICE
ELIPSE
HIPERBOLA
RED
OVALNE
POLIGONA
PRIZME
PIRAMIDE
PRAVOUGAONIK
STRANA
SFERI
KVADRAT
TROUGAO

29 - Scientific Disciplines

A	O	J	C	I	M	U	N	O	L	O	G	I	J	E
Z	U	V	T	M	E	H	A	N	I	K	E	M	J	L
V	A	K	A	E	K	I	N	A	T	O	B	O	A	G
M	A	J	I	G	O	L	A	R	E	N	I	M	U	S
V	E	J	I	G	O	L	O	H	I	S	P	P	J	J
H	D	R	G	U	L	O	V	E	H	E	Y	E	H	K
B	E	I	S	E	J	I	M	O	N	O	R	T	S	A
I	J	M	E	J	I	G	O	L	O	I	C	O	S	U
O	I	B	I	E	J	I	G	O	L	O	I	Z	I	F
L	M	J	H	J	E	J	I	G	O	L	O	E	G	M
O	E	J	A	K	E	E	J	I	G	O	L	O	K	E
G	H	R	Z	H	U	K	G	J	M	H	S	A	J	И
I	O	O	L	J	F	V	P	E	P	L	V	L	E	A
J	I	A	N	A	T	O	M	I	J	E	Z	A	A	D
E	B	N	E	U	R	O	L	O	G	I	J	E	C	I

ANATOMIJE
ARHEOLOGIJE
ASTRONOMIJE
BIOHEMIJE
BIOLOGIJE
BOTANIKE
HEMIJE
EKOLOGIJE
GEOLOGIJE
IMUNOLOGIJE
MEHANIKE
MINERALOGIJA
NEUROLOGIJE
FIZIOLOGIJE
PSIHOLOGIJE
SOCIOLOGIJE

30 - Science

G	U	И	Z	O	B	F	H	F	U	K	P	S	A	G
J	R	V	H	I	P	O	T	E	Z	E	H	P	M	R
L	A	B	O	R	A	T	O	R	I	J	A	R	E	A
P	K	F	I	Z	I	K	E	K	R	O	L	I	T	V
N	A	M	O	T	A	H	Y	L	A	R	A	R	O	I
E	T	J	O	M	S	I	Y	I	V	G	R	O	D	T
K	A	E	K	L	C	J	Y	M	T	A	E	D	N	A
S	D	D	R	L	E	E	S	A	S	N	N	A	A	C
J	O	P	C	M	G	K	H	E	R	I	I	F	U	I
I	P	O	K	V	O	J	U	И	P	Z	M	O	Č	J
M	P	J	F	P	N	L	E	L	F	M	M	S	N	E
E	V	O	L	U	C	I	J	E	A	A	L	I	I	N
H	I	D	S	C	P	B	M	V	D	C	E	L	K	T
T	J	R	E	K	S	P	E	R	I	M	E	N	T	U
J	J	E	I	S	I	И	K	Č	E	S	T	I	C	E

ATOM
HEMIJSKE
KLIMA
PODATAKA
EVOLUCIJE
EKSPERIMENT
STVARI
FOSIL
GRAVITACIJE
HIPOTEZE
LABORATORIJA
METOD
MINERALA
MOLEKULA
PRIRODA
ORGANIZMA
ČESTICE
FIZIKE
BILJKE
NAUČNIK

31 - Beauty

E	L	E	G	A	N	C	I	J	U	A	Y	V	P	G
N	K	V	P	M	A	S	K	A	R	A	Ž	O	K	R
K	F	A	F	F	C	C	K	M	B	F	P	U	Y	E
O	B	P	K	A	U	P	A	V	I	Z	T	H	U	J
L	B	O	L	A	D	E	L	G	O	R	V	C	R	S
I	U	D	J	D	T	P	P	Z	P	V	I	A	U	Š
T	B	N	N	A	T	N	A	G	E	L	E	S	Ž	A
F	O	T	O	G	E	N	I	И	A	N	A	I	M	M
P	R	O	I	Z	V	O	D	I	U	Z	R	S	V	P
A	A	V	H	M	R	A	Š	P	S	Y	G	И	P	O
M	I	B	A	G	A	T	S	I	L	I	T	S	P	N
Š	M	I	N	K	A	K	P	K	U	H	U	L	J	A
C	P	И	D	И	U	O	A	J	G	A	R	A	Z	V
I	И	B	V	F	R	И	I	Z	E	K	M	D	E	H
Y	Z	L	L	D	A	K	I	T	E	M	Z	O	K	V

ŠARM
BOJA
KOZMETIKA
LOKNE
ELEGANCIJU
ELEGANTAN
MIRIS
GREJS
RUŽ
ŠMINKA
MASKARA
OGLEDALO
ULJA
FOTOGENIИAN
PROIZVODI
MAKAZE
USLUGE
ŠAMPON
KOŽA
STILISTA

32 - Clothes

P	N	A	K	I	T	C	H	P	N	D	K	A	K	D
K	I	S	A	U	E	I	A	A	T	Ž	A	D	O	M
S	E	D	I	S	I	P	L	N	O	E	P	J	A	O
N	L	C	Ž	R	V	E	J	T	M	M	U	J	F	U
G	A	I	E	A	P	L	I	A	V	P	T	J	A	G
T	D	B	L	L	M	A	N	L	N	E	T	P	R	O
J	N	C	M	A	J	E	A	O	A	R	G	P	M	B
J	A	U	B	Š	P	A	Z	N	R	R	N	M	E	P
P	S	B	L	U	Z	A	L	E	U	B	M	M	R	S
P	O	J	A	S	H	S	J	L	K	N	M	И	K	U
R	U	K	A	V	I	C	E	S	V	H	K	A	E	K
I	U	B	N	N	A	A	O	P	I	L	L	A	L	N
Š	P	D	I	D	B	R	P	T	C	D	F	A	J	J
E	A	C	B	E	T	P	F	M	A	K	M	L	F	A
Š	K	O	Š	U	L	J	A	И	P	M	S	N	M	U

KECELJA
POJAS
BLUZA
NARUKVICA
KAPUT
HALJINA
MODA
RUKAVICE
ŠEŠIR
JAKNU

FARMERKE
NAKIT
PIDŽAME
PANTALONE
SANDALE
ŠAL
KOŠULJA
CIPELA
SUKNJA
DŽEMPER

33 - Astronomy

N	A	S	T	R	O	N	A	U	T	A	I	N	U	K
C	E	S	E	M	E	Z	E	M	L	J	E	E	H	O
A	J	B	V	T	T	I	L	E	T	A	S	B	L	S
S	I	И	U	M	E	T	E	O	R	C	P	O	F	M
T	R	G	B	L	N	F	T	Y	T	C	P	J	H	O
E	O	P	K	M	A	V	O	N	R	E	P	U	S	S
R	T	A	O	S	L	B	J	L	S	Z	S	G	I	Z
O	A	E	S	M	P	D	H	U	R	A	A	A	C	O
I	V	O	C	T	R	A	V	Y	P	H	Z	L	T	D
D	R	H	M	A	R	A	A	D	L	P	V	A	J	I
C	E	H	U	H	E	O	Č	O	C	L	E	K	S	J
P	S	D	Y	T	H	И	N	E	O	T	Ž	S	I	A
И	P	R	A	K	E	T	A	O	N	A	Đ	I	A	K
O	O	Y	I	R	V	F	K	B	M	J	E	J	M	A
H	Z	R	A	Č	E	N	J	A	B	K	E	A	S	K

ASTEROID
ASTRONAUTA
ASTRONOM
SAZVEŽĐE
KOSMOS
ZEMLJE
POMRAČENJE
GALAKSIJA
METEOR
MESEC
NEBULA
OPSERVATORIJE
PLANETE
ZRAČENJA
RAKETA
SATELIT
NEBO
SUPERNOVA
ZODIJAKA

34 - Health and Wellness #2

A	Y	Z	D	R	A	V	R	K	P	O	N	И	O	G
E	N	E	J	I	G	I	H	S	O	F	O	Y	F	E
E	J	A	N	V	M	A	S	A	Ž	A	F	O	K	N
N	T	T	T	S	I	Z	S	P	M	F	K	K	D	E
E	A	E	I	O	G	T	B	O	L	E	S	T	O	T
R	L	J	T	T	M	K	A	V	A	R	O	P	O	I
G	E	I	E	E	I	I	L	M	C	O	S	И	P	K
I	R	D	P	Ž	S	O	J	E	I	E	E	C	B	E
J	G	A	A	I	H	S	G	E	K	N	Z	И	Y	S
A	I	N	S	N	R	I	N	F	E	K	C	I	J	E
M	J	K	A	A	A	J	I	R	O	L	A	K	B	R
E	E	A	C	I	N	L	O	B	A	K	R	I	H	T
B	G	A	V	E	E	G	R	L	S	R	H	B	G	S
D	E	H	I	D	R	A	C	I	J	E	R	Y	M	G
D	D	L	N	F	E	P	N	F	O	U	J	P	N	A

ALERGIJE
ANATOMIJE
APETIT
KRV
KALORIJA
DEHIDRACIJE
DIJETA
BOLEST
ENERGIJA
GENETIKE
ZDRAV
BOLNICA
HIGIJENE
INFEKCIJE
MASAŽA
ISHRANE
OPORAVAK
STRES
VITAMIN
TEŽINA

35 - Disease

K	B	I	M	U	N	I	T	E	T	Z	A	L	A	O
R	O	A	J	I	P	A	R	E	T	D	L	U	B	B
E	L	S	K	U	S	P	И	C	R	R	E	M	P	A
S	E	S	T	T	F	M	P	R	E	A	R	B	N	C
P	T	Z	U	I	E	O	A	S	P	V	G	A	A	C
I	G	C	J	C	N	R	J	B	A	L	I	L	S	H
R	C	J	H	A	Č	D	I	U	N	J	J	N	L	H
A	A	J	D	J	I	N	T	J	P	E	E	E	E	D
T	F	A	L	N	N	I	A	T	A	A	D	P	D	O
O	F	U	K	Š	O	S	P	U	P	R	L	P	N	O
R	A	R	J	U	R	I	O	C	B	O	И	U	E	A
N	B	Y	R	B	H	L	R	Z	A	R	A	Z	N	E
A	K	O	I	R	K	Y	U	K	L	S	D	C	P	G
S	E	K	S	T	E	N	E	G	S	H	J	A	D	L
S	R	M	E	B	O	A	N	E	G	O	T	A	P	M

TRBUŠNJACI
ALERGIJE
BAKTERIJA
TELO
KOSTI
HRONIČNE
ZARAZNE
GENETSKE
ZDRAVLJE
SRCE
NASLEDNE
IMUNITET
UPALU
LUMBALNE
NEUROPATIJA
PATOGENA
RESPIRATORNA
SINDROM
TERAPIJA
SLAB

36 - Time

U	E	V	G	O	L	I	R	G	G	M	E	Z	S	U
C	H	K	E	P	R	E	A	O	R	D	O	T	A	S
E	N	F	И	K	Z	H	G	D	P	V	D	S	N	K
K	A	L	E	N	D	A	R	I	G	P	E	O	A	O
И	A	D	A	A	J	Y	C	Š	C	N	C	N	D	R
M	U	K	E	D	T	J	C	N	R	И	E	Ć	L	O
G	I	H	J	G	D	S	K	J	F	C	N	U	H	R
Y	O	N	A	R	C	B	N	E	N	P	I	D	И	T
S	R	D	U	P	O	D	N	E	O	E	J	U	И	U
Ç	J	V	I	T	V	D	E	Z	Ć	P	E	B	F	J
S	A	D	A	N	D	N	E	D	E	L	J	A	R	F
P	C	C	M	N	A	F	N	U	G	S	B	K	Y	A
G	Z	T	B	C	P	P	G	T	I	G	O	P	N	F
M	E	S	E	C	A	D	A	I	M	I	J	H	J	G
G	Z	S	U	N	R	H	J	U	Č	E	I	O	D	H

GODIŠNJE
PRE
KALENDAR
VEK
DAN
DECENIJE
RANO
BUDUĆNOST
SAT
MINUT
MESECA
JUTRO
NOĆ
PODNE
SADA
USKORO
DANAS
NEDELJA
GODINA
JUČE

37 - Buildings

O	A	A	D	O	A	L	O	K	Š	A	L	N	P	И
P	P	A	I	P	M	C	P	O	J	B	K	Š	O	I
S	O	J	C	Z	B	B	I	O	P	U	P	A	Z	U
E	D	I	K	S	A	P	U	N	A	T	S	T	O	Z
R	H	R	H	M	R	I	H	K	L	T	P	O	R	D
V	S	O	H	O	S	T	E	L	A	O	S	R	I	T
A	T	T	T	D	D	H	I	B	E	B	B	N	Š	F
T	A	A	T	E	F	U	N	N	L	U	I	T	T	Z
O	D	R	A	Y	L	O	Y	V	B	L	E	N	E	A
R	I	O	F	A	B	R	I	K	E	E	Z	Y	E	M
I	O	B	A	M	B	A	S	A	D	E	S	M	C	A
J	N	A	P	V	B	I	O	S	K	O	P	U	K	K
E	L	L	Z	J	Y	B	T	L	F	S	R	Z	U	S
S	U	P	E	R	M	A	R	K	E	T	A	E	L	N
U	N	I	V	E	R	Z	I	T	E	T	G	J	A	A

STAN
AMBAR
KABINE
ZAMAK
BIOSKOP
AMBASADE
FABRIKE
BOLNICA
HOSTEL
HOTEL
LABORATORIJA
MUZEJ
OPSERVATORIJE
ŠKOLA
STADION
SUPERMARKETA
ŠATOR
POZORIŠTE
KULA
UNIVERZITET

38 - Philanthropy

K	P	Y	R	V	N	Z	S	P	S	I	E	T	Z	K
C	I	L	J	E	V	E	S	Z	K	A	O	I	A	O
V	E	L	I	K	O	D	U	Š	N	O	S	T	J	N
D	B	C	V	V	N	I	J	B	S	V	T	S	E	T
F	E	M	F	B	L	S	N	Y	A	T	S	O	D	A
M	G	C	J	P	A	T	I	И	V	S	J	N	N	K
S	I	F	A	L	B	O	T	A	F	N	A	E	I	T
R	M	S	O	E	O	R	S	J	I	A	V	R	C	I
E	A	I	I	D	L	I	O	S	N	Č	N	K	A	Y
D	R	E	Z	J	G	J	L	V	A	E	I	S	B	F
S	G	G	E	A	A	A	I	R	N	V	P	I	E	C
T	O	Y	V	S	Z	V	M	T	S	O	E	V	R	Z
V	R	P	J	I	I	O	E	Y	I	Č	L	N	T	H
A	P	G	R	U	P	E	V	R	J	L	J	U	D	I
M	L	A	D	O	S	T	L	A	A	G	L	F	F	Y

IZAZOVA
MILOSTINJU
DECA
ZAJEDNICA
KONTAKTI
FINANSIJA
SREDSTVA
VELIKODUŠNOST
GLOBALNO
CILJEVE
GRUPE
ISTORIJA
ISKRENOST
ČOVEČANSTVO
MISIJA
TREBA
LJUDI
PROGRAMI
JAVNI
MLADOST

39 - Gardening

S	Y	V	T	S	E	U	U	K	S	C	И	S	Y	A
E	V	K	R	T	U	M	P	H	O	V	R	Z	F	V
Z	O	O	Z	S	V	L	A	G	E	M	J	E	P	N
O	Ć	N	E	I	T	E	K	U	B	A	P	C	V	V
N	N	T	M	B	E	E	Ć	Š	I	L	И	O	B	O
S	J	E	L	B	V	M	P	U	D	N	A	V	S	D
K	A	J	J	A	C	E	M	И	U	A	C	I	U	T
I	K	N	A	И	D	S	G	I	E	K	A	T	C	P
C	F	E	P	И	I	E	P	L	U	A	D	S	S	L
K	J	R	C	A	T	P	I	N	N	Y	R	E	J	I
V	Z	S	V	M	I	A	I	H	B	H	A	J	P	S
P	O	T	E	N	I	T	Š	V	A	J	L	R	P	T
Z	Z	J	T	K	L	I	M	A	D	O	V	S	A	A
T	J	E	N	Č	I	T	O	Z	G	E	H	S	G	A
R	Y	C	I	K	Č	I	N	A	T	O	B	B	A	S

CVET
BOTANIČKI
BUKET
KLIMA
KOMPOST
KONTEJNER
PRLJAVŠTINE
JESTIVO
EGZOTIČNE
CVETNI
LIŠĆE
CREVO
LIST
VLAGE
VOĆNJAK
SEZONSKI
SEME
ZEMLJA
VRSTE
VODA

40 - Herbalism

S	N	E	L	E	Z	G	U	B	E	L	I	L	U	K
И	A	K	J	L	I	B	K	H	T	V	A	N	C	C
D	R	S	B	Y	A	B	U	O	S	G	G	P	E	E
B	O	V	T	E	V	C	S	C	C	D	D	Z	M	K
P	J	L	K	O	N	Č	I	T	A	M	O	R	A	U
T	A	G	V	O	J	E	P	E	R	Š	U	N	H	L
S	M	O	N	I	R	A	M	Z	U	R	E	U	U	I
L	D	R	D	E	P	I	K	Š	A	F	R	A	N	N
A	S	I	И	S	J	Z	S	A	E	A	C	C	L	A
V	K	G	V	T	C	K	D	T	J	A	S	Z	P	R
A	U	A	E	R	И	T	Z	Š	A	L	S	C	V	S
N	E	N	A	A	N	P	D	A	C	N	I	F	G	K
D	Y	O	Y	G	P	I	O	B	L	Z	I	S	A	E
E	N	A	N	O	A	R	P	Č	A	R	O	M	O	K
P	I	S	I	N	N	P	P	O	T	N	P	I	F	B

AROMATIČNO
BOSILJAK
KORISTAN
KULINARSKE
KOMORAČ
UKUS
CVET
BAŠTA
BELI LUK
ZELEN
SASTOJAK
LAVANDE
MAJORAN
NANE
ORIGANO
PERŠUN
BILJKA
RUZMARIN
ŠAFRAN
ESTRAGON

41 - Vehicles

I	Š	U	R	L	M	N	Y	T	R	A	J	E	K	T
R	G	A	S	U	B	O	T	U	A	T	V	C	B	Z
N	M	L	T	F	H	I	T	I	Y	E	G	I	Z	V
R	V	O	B	L	Z	V	R	O	P	K	M	N	A	Y
T	Č	K	O	K	N	A	V	A	R	A	K	R	Z	K
C	A	L	H	I	O	E	A	R	M	R	M	O	H	D
I	M	K	C	C	I	E	L	H	И	M	И	M	Y	K
S	A	F	V	I	M	A	P	Z	V	A	N	D	B	R
F	C	K	P	B	A	E	S	A	V	L	V	O	A	U
J	S	N	I	S	K	A	T	M	H	A	Z	P	F	A
Z	R	D	A	V	V	G	O	R	S	K	U	T	E	R
S	G	B	S	O	R	U	I	F	O	P	N	Y	T	U
F	S	S	D	S	V	M	R	C	K	E	T	M	P	A
E	A	D	I	C	R	E	T	P	O	K	I	L	E	H
U	Y	N	C	T	R	A	K	T	O	R	H	И	P	L

AVION
HITNU
BICIKL
ČAMAC
AUTOBUS
KOLA
KARAVAN
TRAJEKT
HELIKOPTER
MOTOR
SPLAV
RAKETA
SKUTER
ŠATL
PODMORNICE
METRO
TAKSI
GUME
TRAKTOR
KAMION

42 - Flowers

P	N	K	Y	B	A	J	E	D	I	H	R	O	L	M
K	A	Č	A	L	S	A	M	E	L	V	U	P	A	A
A	V	S	A	P	O	Y	Z	T	A	S	Ž	L	T	G
F	O	U	S	M	A	K	A	E	S	L	O	U	I	N
P	G	K	R	I	Z	U	K	L	B	A	B	M	C	O
O	R	S	И	U	O	J	E	I	P	V	I	E	A	L
S	O	I	И	A	Ž	N	Y	N	O	A	U	R	H	I
U	J	B	F	B	V	A	F	A	H	N	U	I	L	J
N	J	I	Y	И	H	G	L	L	P	D	N	J	P	E
C	G	H	A	K	J	L	P	I	O	E	A	A	D	V
O	T	V	Z	V	V	A	T	P	L	V	T	R	E	A
K	V	J	A	S	M	I	N	U	O	I	E	U	J	L
R	G	A	R	D	E	N	I	J	A	E	K	R	Z	D
E	L	A	L	A	P	M	V	F	E	O	U	E	I	O
T	A	Z	Y	A	Z	U	C	H	B	R	B	A	S	Z

BUKET
DETELINA
DEJZI
MASLAČAK
GARDENIJA
HIBISKUS
JASMIN
LAVANDE
JORGOVAN
LILI
MAGNOLIJE
ORHIDEJA
PASSIONFLOVER
BOŽUR
LATICA
PLUMERIJA
MAKA
RUŽA
SUNCOKRET
LALA

43 - Health and Wellness #1

G	L	A	D	И	Z	P	B	H	N	B	P	T	R	N
Z	E	J	K	C	E	Z	N	O	C	A	S	L	E	Z
A	Ć	I	Š	I	M	N	U	R	V	K	K	E	L	K
H	R	P	L	K	V	I	V	M	J	T	T	K	A	U
J	F	A	V	P	L	A	Ž	O	K	E	V	D	K	F
A	I	R	S	S	R	I	N	N	F	R	V	O	S	Z
I	P	E	R	T	I	E	N	A	F	I	I	I	A	E
T	D	T	G	C	H	K	L	I	D	J	S	Y	C	A
K	O	S	T	I	K	E	C	O	C	A	I	D	I	R
Ž	I	C	K	K	S	T	M	L	M	I	N	K	J	E
I	S	J	P	J	S	O	J	H	Z	U	A	I	A	F
V	K	K	K	D	U	P	T	R	E	T	M	A	N	L
A	L	E	K	A	R	A	P	S	M	K	Z	J	И	E
C	T	I	I	N	I	Z	T	T	F	T	S	N	F	K
A	A	K	T	I	V	A	N	L	D	И	K	V	S	S

AKTIVAN
BAKTERIJA
KOSTI
KLINICI
LEKAR
PRELOM
NAVIKA
VISINA
HORMONA
GLAD

LEK
MIŠIĆA
ŽIVACA
APOTEKE
REFLEKS
RELAKSACIJA
KOŽA
TERAPIJA
TRETMAN
VIRUS

44 - Town

B	V	B	F	A	H	G	C	L	Y	B	I	A	Z	S
I	P	J	A	K	O	K	I	N	P	M	C	C	O	U
B	Z	A	E	K	T	P	B	O	И	L	I	I	O	P
L	A	R	A	Ć	E	V	C	I	O	S	N	N	V	E
I	P	A	J	Š	L	K	V	D	O	И	I	V	R	R
O	V	Ž	I	K	I	C	E	A	N	S	L	A	T	M
T	M	I	R	O	K	C	K	T	A	И	K	D	M	A
E	U	J	E	L	R	M	N	S	O	J	C	O	F	R
K	Z	N	L	A	T	T	A	E	A	P	N	R	P	K
E	E	K	A	Z	E	V	B	D	U	A	A	P	F	E
S	J	K	G	P	O	Z	O	R	I	Š	T	E	C	T
U	M	E	J	A	E	R	O	D	R	O	M	A	J	A
T	R	Ž	I	Š	T	E	O	B	H	A	O	I	R	A
U	N	I	V	E	R	Z	I	T	E	T	A	T	G	B
T	E	И	H	S	V	G	J	P	E	K	A	R	A	A

AERODROM
PEKARA
BANKE
KNJIŽARA
BIOSKOP
KLINICI
CVEĆAR
GALERIJA
HOTEL
BIBLIOTEKE
TRŽIŠTE
MUZEJ
APOTEKE
ŠKOLA
STADION
PRODAVNICA
SUPERMARKETA
POZORIŠTE
UNIVERZITET
ZOO VRT

45 - Antarctica

M	E	J	I	C	I	D	E	P	S	K	E	O	T	G
I	N	A	U	Č	N	E	J	Z	A	K	J	K	E	L
G	D	U	O	F	K	L	I	Y	M	O	N	R	M	E
R	G	E	O	G	R	A	F	I	J	E	A	U	P	Č
A	L	M	C	A	K	A	A	C	O	Z	V	Ž	E	E
C	P	J	P	R	T	U	R	A	P	T	U	E	R	R
I	K	O	R	O	A	P	G	L	T	S	Č	N	A	A
J	P	P	I	E	L	G	O	B	N	J	O	J	T	D
E	E	T	L	И	H	U	P	O	E	G	B	U	U	O
P	N	B	I	I	L	N	O	G	N	F	A	S	R	K
I	P	Z	J	C	A	И	T	S	I	P	U	B	A	O
C	F	Z	N	C	E	P	P	I	T	E	N	V	G	P
I	R	S	A	I	F	R	S	A	N	R	A	M	A	K
O	S	T	R	V	A	I	A	G	O	D	V	O	K	Z
I	A	P	R	N	D	Y	C	O	K	U	B	O	L	T

BEJ
PTICE
OBLACI
OČUVANJE
KONTINENT
KOV
OKRUŽENJU
EKSPEDICIJE
GEOGRAFIJE
GLEČERA
LED
OSTRVA
MIGRACIJE
POLUOSTRVO
ROKI
NAUČNE
TEMPERATURA
TOPOGRAFIJE

46 - Ballet

G	I	P	H	V	K	R	N	S	C	P	Y	B	V	O
R	N	J	G	Z	P	I	A	Z	R	J	V	U	E	Y
A	T	H	S	C	U	T	S	E	G	L	Y	C	Ž	Z
C	E	Y	D	J	M	A	Ć	I	Š	I	M	G	B	P
I	N	G	E	J	B	M	L	P	V	И	N	R	A	M
O	Z	E	J	И	K	O	M	P	O	Z	I	T	O	R
Z	I	K	O	R	E	O	G	R	A	F	I	J	A	A
A	T	I	Z	R	A	Ž	A	J	A	N	O	B	N	T
N	E	L	U	M	E	T	N	I	Č	K	E	A	I	S
N	T	B	I	P	B	V	J	E	A	И	N	L	T	E
P	T	U	Z	T	R	J	Z	S	S	Z	O	E	Š	K
R	O	P	V	P	S	O	C	S	E	F	B	R	E	R
M	U	Z	I	K	A	T	B	Y	L	R	A	I	V	O
T	E	H	N	I	K	A	И	E	P	U	P	N	P	J
D	G	L	P	F	S	A	E	J	J	Z	Y	A	A	K

APLAUZ
UMETNIČKE
PUBLIKE
BALERINA
KOREOGRAFIJA
KOMPOZITOR
PLESAČA
IZRAŽAJAN
GEST
GRACIOZAN
INTENZITET
MIŠIĆA
MUZIKA
ORKESTAR
VEŽBA
PROBE
RITAM
VEŠTINA
STIL
TEHNIKA

47 - Fashion

M	P	A	K	Z	T	T	M	D	F	P	L	I	L	I
E	Y	T	R	L	P	E	K	B	U	T	I	K	C	E
R	C	S	F	И	O	N	L	A	H	T	T	M	C	T
E	A	I	E	M	V	Č	Y	E	N	S	T	I	L	U
M	Z	L	U	S	O	I	V	M	G	I	D	P	P	E
O	A	A	Z	K	L	T	T	D	R	A	N	J	H	I
Y	R	M	J	U	J	K	R	И	P	M	N	A	P	H
D	B	I	F	P	N	A	P	И	U	F	A	T	D	A
И	O	N	G	O	I	R	M	И	O	O	R	J	A	J
C	O	I	Z	I	M	P	N	M	P	Z	E	V	M	N
D	N	M	P	U	N	Č	I	P	K	E	D	O	G	V
U	D	O	B	A	N	A	И	D	P	R	O	P	U	P
T	R	E	N	D	P	Y	L	R	B	M	M	T	D	G
T	E	K	S	T	U	R	E	N	A	M	O	R	K	S
U	Z	N	M	B	I	L	U	Ć	E	D	O	F	R	G

POVOLJNIM
BUTIK
DUGMAD
ODEĆU
UDOBAN
ELEGANTAN
VEZ
SKUPO
TKANINA
ČIPKE
MERE
MINIMALISTA
MODERAN
SKROMAN
ORIGINALNE
OBRAZAC
PRAKTIČNE
STIL
TEKSTURE
TREND

48 - Human Body

T	C	A	Z	R	K	O	L	E	N	O	F	A	B	V
U	G	O	N	L	A	V	A	L	G	B	J	N	R	I
M	V	R	K	K	Ž	M	A	T	N	O	U	B	A	L
S	O	O	R	G	O	P	E	C	I	L	И	V	D	I
F	B	Z	C	I	K	R	C	P	T	G	S	Y	A	C
U	L	E	A	I	C	N	R	F	S	Z	S	O	M	E
S	F	T	R	K	K	A	S	И	O	I	F	M	P	P
A	U	И	A	A	P	V	O	O	K	N	P	S	A	O
Z	Z	R	L	P	E	Z	N	H	A	Č	O	S	D	I
R	U	K	A	L	A	K	A	T	K	O	O	Z	C	S
U	V	R	A	T	F	G	P	L	F	K	И	L	I	C
S	И	L	K	И	K	O	R	B	A	S	B	R	P	P
T	S	C	I	P	U	J	N	Y	P	T	G	E	R	T
A	Z	J	Y	P	F	B	A	H	G	D	O	Y	S	P
N	E	D	E	S	P	M	M	E	H	O	V	A	T	R

SKOČNI ZGLOB
KRV
KOSTI
MOZAK
BRADA
UVO
LAKAT
LICE
PRST
RUKA
GLAVA
SRCE
VILICE
KOLENO
NOGU
USTA
VRAT
NOS
RAME
KOŽA

49 - Musical Instruments

L	N	B	B	U	V	L	A	F	T	P	V	T	N	K
S	C	U	A	Y	T	P	M	L	B	K	E	G	B	L
A	T	C	J	R	T	S	D	A	K	T	G	O	R	A
И	V	B	И	N	H	H	V	U	L	Z	P	N	U	R
S	A	K	S	O	F	O	N	T	A	R	C	G	A	I
H	A	R	F	E	N	M	S	A	V	O	O	A	Š	N
V	N	R	F	A	G	O	T	B	I	Ž	B	N	A	E
A	I	V	A	I	A	U	K	U	R	D	C	O	R	T
G	L	G	И	T	Y	E	I	R	J	N	A	B	U	B
G	O	S	H	C	I	S	N	T	I	E	Z	M	B	F
И	D	P	N	B	S	G	G	A	V	B	V	O	M	H
K	N	U	P	A	D	A	K	I	N	O	M	R	A	H
M	A	F	N	T	V	I	O	L	I	N	U	T	T	Y
H	M	E	V	A	V	I	O	L	O	N	Č	E	L	O
N	M	G	E	K	J	L	A	R	A	D	U	P	B	H

BENDŽO
FAGOT
VIOLONČELO
KLARINET
BUBANJ
BATAK
FLAUTA
GONG
GITARA
HARMONIKA
HARFE
MANDOLINA
OBOU
UDARALJKE
KLAVIR
SAKSOFON
TAMBURAŠA
TROMBON
TRUBA
VIOLINU

50 - Fruit

H	K	A	Ž	D	N	A	R	O	M	O	P	И	L	D
G	И	T	S	E	U	E	J	N	Š	I	V	P	B	F
M	F	S	J	M	M	E	K	Š	U	R	K	K	R	L
N	P	U	E	M	I	N	S	T	S	V	Z	L	E	J
G	O	U	A	T	L	Z	H	E	A	O	T	N	S	K
G	P	B	O	H	E	P	Z	K	N	R	A	O	K	G
I	B	Z	M	A	J	A	P	A	P	J	I	M	V	U
A	L	F	K	K	I	V	U	Z	G	F	N	N	E	Y
N	Z	B	S	U	S	O	K	O	K	I	F	D	A	H
A	A	G	K	B	J	K	G	F	I	G	R	O	A	R
N	N	G	A	A	A	A	J	N	I	D	K	I	V	I
A	K	И	R	J	K	D	A	Z	A	Đ	Ž	O	R	G
S	K	Y	J	G	M	O	L	G	K	M	G	K	F	G
L	B	B	E	R	R	I	B	A	N	A	N	E	U	I
Y	E	C	L	U	M	И	R	M	A	L	I	N	E	L

JABUKA
KAJSIJE
AVOKADO
BANANE
BERRI
VIŠNJE
KOKOS
FIG
GROŽĐA
KIVI
LIMUN
MANGO
DINJA
NEKTARINA
POMORANDŽA
PAPAJA
BRESKVE
KRUŠKE
ANANAS
MALINE

51 - Engineering

E	S	И	S	K	D	И	M	K	I	N	Č	E	R	P
N	T	F	C	M	I	F	C	R	A	J	C	G	A	B
E	R	И	И	E	S	M	O	B	R	A	Č	U	N	K
R	U	E	A	R	T	A	A	P	P	И	A	L	I	O
G	K	И	E	E	R	R	K	Š	O	S	P	O	B	N
I	T	E	T	N	I	G	I	B	I	G	G	P	U	S
J	U	A	A	J	B	A	N	I	O	N	O	N	D	T
A	R	A	C	E	U	J	A	И	G	И	A	N	E	R
C	A	O	R	V	C	I	Č	P	O	D	R	A	G	U
U	N	L	E	Z	I	D	P	M	K	F	Y	C	O	K
E	G	A	N	S	J	A	U	И	F	P	И	D	N	C
V	T	A	C	Z	A	И	Z	V	L	B	T	A	Č	I
H	T	S	O	N	L	I	B	A	T	S	O	S	E	J
M	O	T	O	R	T	Z	K	U	P	S	P	D	T	A
C	B	G	E	D	Y	P	M	E	A	Y	T	D	A	F

UGAO
OSE
OBRAČUN
KONSTRUKCIJA
DUBINA
DIJAGRAM
PREČNIK
DIZEL
DISTRIBUCIJA
ENERGIJA
ZUPČANIKA
POLUGE
TEČNOG
MAŠINA
MERENJE
MOTOR
POGON
STABILNOST
SNAGE
STRUKTURA

52 - Kitchen

E	G	S	N	K	K	I	Y	U	Z	V	G	P	F	V
E	R	J	B	A	R	V	S	J	P	U	L	G	E	T
B	H	C	H	Š	E	E	K	Š	U	J	L	I	V	Z
K	B	И	E	I	D	Ž	R	S	V	I	Y	J	J	Y
K	N	F	N	K	I	O	И	N	E	N	Y	G	G	B
S	Č	R	V	E	Ž	N	K	T	A	I	S	U	O	G
H	A	J	T	Z	I	G	E	G	N	Č	И	E	D	A
M	V	L	H	K	R	I	C	Y	A	C	N	O	L	R
E	I	M	V	C	F	N	E	Z	R	E	N	И	T	Z
P	Z	R	U	E	V	I	L	I	H	O	E	C	Y	B
H	R	E	E	F	T	Č	J	L	I	T	Š	O	R	H
Y	M	C	J	C	S	A	A	Š	T	A	P	I	Ć	I
V	A	F	L	K	E	Z	S	U	N	Đ	E	R	N	L
B	Z	H	O	F	V	P	Č	A	J	N	I	K	I	F
R	V	H	Š	J	A	M	T	L	L	P	E	U	N	O

KECELJA
ČINIJU
ŠTAPIĆI
ŠOLJE
HRANA
VILJUŠKE
ZAMRZIVAČ
ROŠTILJ
TEGLU
VRČ
ČAJNIK
NOŽEVI
LONCA
SALVETA
RERNA
RECEPT
FRIŽIDER
ZAČINI
SUNĐER
KAŠIKE

53 - Government

A	M	D	A	V	A	T	S	U	Z	U	A	O	L	D
S	P	O	M	E	N	I	K	U	C	N	V	K	I	R
U	A	M	M	I	R	N	O	A	D	Z	G	R	D	Ž
D	G	И	B	Y	T	D	G	P	E	S	M	U	E	A
J	I	P	N	A	P	E	R	O	E	A	K	G	R	V
B	P	B	P	S	P	J	Z	Ž	V	Z	R	E	C	L
D	I	S	K	U	S	I	J	E	A	O	A	J	I	J
P	R	A	V	D	A	T	N	D	P	V	R	I	V	A
S	I	M	B	O	L	A	F	O	J	P	E	C	I	N
И	L	C	Z	P	R	R	Y	B	Y	P	N	A	L	S
U	I	L	T	B	O	K	H	O	O	K	F	N	N	T
Z	A	K	O	N	G	O	P	L	D	P	D	M	I	V
T	E	I	U	T	L	M	A	S	N	T	G	V	H	A
R	Z	D	R	N	F	E	P	O	L	I	T	I	K	E
T	S	O	K	A	N	D	E	J	B	H	A	J	И	F

DRŽAVLJANSTVA
CIVILNI
USTAV
DEMOKRATIJE
DISKUSIJE
OKRUG
JEDNAKOST
SUDSKE
PRAVDA
ZAKON
LIDER
SLOBODE
SPOMENIK
NACIJE
MIRNO
POLITIKE
GOVOR
DRŽAVE
SIMBOL

54 - Art Supplies

U	F	И	S	S	И	S	R	Z	H	B	F	И	O	K
V	G	K	T	D	G	T	P	I	P	O	T	S	L	R
O	H	A	R	E	M	A	K	R	H	J	N	И	O	E
D	R	C	L	S	J	L	L	E	F	E	M	G	V	A
A	E	I	I	J	K	A	P	E	L	S	H	D	K	T
C	R	L	R	E	S	K	F	J	T	P	E	R	E	I
I	C	O	K	L	U	L	H	E	E	S	I	L	Y	V
M	H	T	A	K	A	B	U	D	U	V	A	S	M	N
U	Y	S	J	A	Y	E	F	I	V	V	S	P	B	O
G	A	K	V	A	R	E	L	I	N	J	V	P	V	S
Č	E	T	K	E	V	Y	P	U	U	T	D	K	A	T
P	A	P	I	R	V	H	Z	O	L	I	T	S	A	M
Y	M	K	F	L	D	P	V	J	P	J	P	Z	A	A
L	P	Z	H	Y	I	U	R	H	J	C	E	M	E	V
G	И	P	H	T	Y	И	H	I	L	A	Z	K	A	A

AKRIL
ČETKE
KAMERA
STOLICA
UGALJ
KLEJ
BOJE
KREATIVNOST
STALAK
GUMICA
LEPAK
IDEJE
MASTILO
ULJE
PAPIR
PASTELA
OLOVKE
STO
VODA
AKVARELI

55 - Science Fiction

U	F	P	B	L	Y	K	N	T	L	J	O	P	E	I
E	A	R	I	K	Č	I	T	S	I	R	U	T	U	F
K	N	O	O	O	T	P	L	A	N	E	T	E	L	T
S	T	R	S	S	A	J	I	P	O	T	S	I	D	E
T	A	O	K	E	J	I	L	A	K	I	M	E	H	H
R	S	Č	O	J	A	T	O	B	O	R	A	S	A	N
E	T	I	P	I	N	A	K	Z	U	F	J	V	T	O
M	I	Š	G	Z	S	P	G	P	P	H	I	E	O	L
N	Č	T	K	U	T	C	Z	D	O	E	S	T	M	O
E	A	E	D	L	V	P	A	Y	K	Ž	K	G	S	G
O	N	A	I	I	E	G	I	J	N	K	A	Y	K	I
D	M	O	И	U	N	K	R	V	M	S	L	R	E	J
E	E	K	S	P	L	O	Z	I	J	E	A	F	T	A
I	M	A	G	I	N	A	R	N	E	P	G	E	C	Y
U	T	O	P	I	J	E	A	O	V	M	K	U	H	U

ATOMSKE
KNJIGE
HEMIKALIJE
BIOSKOP
DISTOPIJA
EKSPLOZIJE
EKSTREMNE
FANTASTIČAN
POŽAR
FUTURISTIČKI
GALAKSIJA
ILUZIJE
IMAGINARNE
TAJANSTVEN
PROROČIŠTE
PLANETE
ROBOTA
TEHNOLOGIJA
UTOPIJE
SVET

56 - Geometry

T	R	O	U	G	A	O	L	I	V	N	B	C	H	S
U	K	R	U	G	L	И	G	S	D	U	A	Y	O	I
K	C	O	E	M	J	M	I	A	M	E	V	D	R	M
J	K	A	P	A	R	A	L	E	L	N	I	N	I	E
V	F	N	U	Č	A	R	B	O	S	F	K	M	Z	T
P	M	I	J	O	R	B	C	M	U	A	P	K	O	R
O	D	Č	I	Y	L	L	D	I	T	N	M	K	N	I
V	U	A	Z	H	O	T	B	T	K	N	A	V	T	J
R	И	N	N	V	G	A	N	I	S	I	V	U	A	A
Š	B	D	E	J	I	R	O	E	T	A	I	G	L	C
I	J	E	M	I	K	Y	A	P	M	L	U	A	N	A
N	P	J	I	F	E	V	I	R	K	G	A	O	E	M
A	D	O	D	E	D	M	K	I	N	Č	E	R	P	K
R	M	M	J	M	E	D	I	J	A	N	A	S	L	D
D	P	R	O	C	E	N	A	T	H	P	V	Y	I	T

UGAO
OBRAČUN
KRUG
KRIVE
PREČNIK
DIMENZIJU
JEDNAČINA
VISINA
HORIZONTALNE
LOGIKE
MASE
MEDIJANA
BROJ
PARALELNI
PROCENAT
SEGMENT
POVRŠINA
SIMETRIJA
TEORIJE
TROUGAO

57 - Creativity

I	N	S	P	I	R	A	C	I	J	A	C	U	E	I
B	N	R	A	H	A	O	S	K	E	F	K	M	M	N
A	U	T	E	N	T	I	Č	N	O	S	T	E	O	T
A	T	U	J	I	C	I	U	T	N	I	S	T	C	E
U	H	C	E	F	G	O	G	G	L	M	P	N	I	N
L	S	O	D	A	И	H	J	V	Z	A	O	I	J	Z
I	N	V	I	T	N	E	V	N	I	Š	N	Č	A	I
J	A	S	N	O	Ć	E	P	И	V	T	T	K	N	T
A	A	U	T	I	S	A	K	F	G	E	A	E	I	E
S	E	N	Z	A	C	I	J	A	C	N	N	I	T	T
D	R	A	M	A	T	I	Č	A	N	S	I	Z	Š	Y
O	S	E	Ć	A	N	J	A	E	M	L	J	R	E	K
V	I	Z	I	J	E	V	J	U	A	I	N	A	V	K
E	G	V	A	G	Y	U	L	K	J	K	E	Z	D	O
N	I	I	P	U	T	S	O	N	L	A	T	I	V	H

UMETNIČKE
AUTENTIČNOST
JASNOĆE
DRAMATIČAN
EMOCIJA
IZRAZ
OSEĆANJA
IDEJE
SLIKA
MAŠTE

UTISAK
INSPIRACIJA
INTENZITET
INTUICIJU
INVENTIVNI
SENZACIJA
VEŠTINA
SPONTANI
VIZIJE
VITALNOST

58 - Airplanes

V	H	И	P	I	V	P	V	G	G	И	I	O	M	U
K	O	I	S	T	O	R	I	J	A	O	K	И	G	S
E	B	D	E	Y	Z	O	V	P	S	A	R	И	И	M
B	E	M	O	N	S	T	F	M	N	K	A	I	B	O
A	N	V	Z	N	P	O	O	P	I	C	U	A	V	A
L	J	T	S	J	I	M	J	G	G	И	N	S	D	O
O	J	O	И	I	R	K	A	Z	A	L	I	S	S	S
N	L	L	A	J	I	C	K	U	R	T	S	N	O	K
P	D	I	Z	A	J	N	Y	P	E	B	I	P	И	A
H	O	P	U	T	N	I	K	K	F	K	V	O	P	P
S	H	S	H	R	A	A	N	I	S	I	V	И	R	A
P	H	D	A	R	E	L	E	P	O	R	P	T	E	Y
P	G	H	U	D	Z	A	V	F	M	T	D	N	G	D
R	V	N	D	V	E	A	R	U	T	N	A	V	A	P
E	M	M	P	D	P	A	J	N	A	T	E	L	S	A

AVANTURA
VAZDUH
VISINU
ATMOSFERA
BALON
KONSTRUKCIJA
POSADE
SILAZAK
DIZAJN
MOTOR
GORIVO
VISINA
ISTORIJA
VODONIK
SLETANJA
PUTNIK
PILOT
PROPELERA
NEBO

59 - Ocean

J	G	V	R	O	L	U	J	A	D	C	I	И	F	N
C	K	R	A	R	O	M	J	G	E	K	O	H	B	S
E	Z	J	E	M	I	L	P	I	L	P	C	H	Y	A
J	G	L	G	B	I	И	M	R	F	K	K	K	E	V
R	F	B	L	H	E	C	E	T	I	K	O	Z	O	B
A	V	S	A	A	Z	N	C	S	N	D	R	U	Y	S
F	I	A	T	S	A	E	C	O	C	V	A	Z	И	O
T	G	Y	U	S	S	C	M	B	T	P	L	H	U	G
J	A	U	N	P	U	I	P	M	A	K	Š	И	Z	O
E	L	L	A	И	C	N	M	E	D	U	Z	A	T	B
G	U	K	A	M	V	T	Đ	G	V	S	M	I	N	F
U	K	H	B	S	A	O	B	E	P	G	G	D	F	H
L	J	D	A	P	A	B	I	P	R	R	I	B	E	A
J	A	K	R	V	H	O	K	O	R	N	J	A	Č	A
A	S	R	K	K	I	H	A	D	B	E	Z	E	S	T

ALGE
KORAL
KRABA
DELFIN
JEGULJA
RIBE
MEDUZA
HOBOTNICE
OSTRIGA
GREBEN

SO
AJKULA
ŠKAMPI
SUNĐER
OLUJA
PLIME
TUNA
KORNJAČA
TALASA
KIT

60 - Force and Gravity

C	U	N	I	V	E	R	Z	A	L	N	A	N	V	U
Y	E	I	Z	T	U	J	И	L	Z	И	V	G	A	P
F	И	N	L	P	T	D	E	H	J	U	R	A	A	U
I	Z	Z	T	K	I	N	A	Č	I	M	A	N	I	D
Z	T	U	B	A	B	E	J	L	T	G	D	I	S	T
I	R	R	I	K	R	P	I	P	J	P	И	Z	N	E
K	P	V	E	U	O	I	Z	R	A	E	C	R	A	Ž
E	D	R	K	N	M	R	N	I	C	Ć	N	B	V	I
T	И	E	I	A	J	И	A	T	I	I	P	O	T	N
E	O	M	N	J	Z	A	P	I	T	R	O	H	S	A
N	S	E	A	E	O	P	S	S	U	K	K	E	J	T
A	E	A	H	L	P	I	K	A	A	T	R	K	O	F
L	Z	A	E	U	И	F	E	K	R	O	E	E	V	Z
P	P	N	M	C	C	H	Y	И	V	L	T	И	S	G
M	A	G	N	E	T	I	Z	A	M	B	U	U	I	И

OSE
CENTAR
OTKRIĆE
UDALJENOST
DINAMIČAN
EKSPANZIJA
TRENJA
UTICAJ
MAGNETIZAM
MEHANIKE
POKRETU
ORBITU
FIZIKE
PLANETE
PRITISAK
SVOJSTVA
BRZINA
VREME
UNIVERZALNA
TEŽINA

61 - Birds

K	Z	S	Y	J	Y	B	Y	И	И	G	S	V	P	V
B	U	D	N	S	T	U	V	A	D	V	A	N	E	D
J	P	K	M	Z	P	A	A	A	N	O	J	A	L	I
K	F	I	A	K	T	A	P	N	I	V	G	N	I	P
A	И	H	D	V	Z	R	V	Z	V	A	P	A	K	Y
N	L	U	O	I	I	C	F	Z	G	A	I	R	A	E
A	F	A	R	V	H	C	I	И	E	V	L	V	N	O
R	L	C	B	V	A	Z	A	M	O	J	E	S	V	V
I	A	P	U	U	R	Y	G	U	S	K	A	K	T	E
N	M	A	L	O	D	P	A	P	A	G	A	J	U	N
A	I	R	O	U	C	I	A	A	M	P	S	I	K	B
C	N	V	G	A	F	A	B	H	S	G	Š	D	A	O
L	G	P	R	G	V	P	U	F	Z	D	И	U	N	R
T	O	P	H	U	P	D	V	H	H	E	R	O	N	A
И	S	P	A	U	N	Y	H	P	P	R	S	L	M	O

KANARINAC
PILE
VRANA
KUKAVICA
GOLUB
PATKA
ORAO
JAJE
FLAMINGO
GUSKA
HERON
NOJA
PAPAGAJ
PAUN
PELIKAN
PINGVIN
VRAPCA
RODA
LABUD
TUKAN

62 - Nutrition

Z	P	O	E	K	I	V	A	N	T	И	K	S	N	S
D	R	T	R	A	Z	T	K	P	V	Z	G	J	E	K
R	O	R	S	L	G	E	R	P	A	D	И	P	Ž	V
A	T	O	R	O	O	Ž	O	K	D	R	U	O	E	A
V	E	V	B	R	Y	I	G	B	C	A	P	P	T	L
L	I	Y	D	I	G	N	U	K	J	V	Y	G	O	I
J	N	M	A	J	N	A	V	I	T	A	M	I	N	T
E	A	G	T	A	T	I	A	P	E	T	I	T	V	E
V	A	R	E	N	J	E	Č	G	V	H	B	S	A	T
И	R	D	J	Y	T	V	U	A	D	Z	K	O	R	L
P	B	R	I	P	D	U	U	B	Z	S	A	N	U	O
A	C	L	D	L	P	T	K	N	K	O	H	Č	I	E
Z	И	G	U	E	Y	И	И	U	V	S	N	E	A	T
J	E	S	T	I	V	O	G	R	S	K	S	T	V	P
F	E	R	M	E	N	T	A	C	I	J	E	P	J	A

APETIT
URAVNOTEŽEN
GORKA
KALORIJA
DIJETA
VARENJE
JESTIVO
FERMENTACIJE
UKUS
NAVIKE

ZDRAVLJE
ZDRAV
TEČNOSTI
PROTEINA
KVALITET
SOS
ZAČINI
OTROV
VITAMIN
TEŽINA

63 - Hiking

U	Č	P	D	E	K	D	V	F	Z	F	K	G	P	E
И	I	N	N	A	O	A	K	Š	E	T	J	N	R	J
P	Z	T	V	Y	F	Y	M	S	A	M	I	T	I	D
L	M	S	K	L	I	M	A	P	M	A	P	A	R	V
S	E	E	K	G	L	Ž	K	J	O	V	V	D	O	O
P	U	J	P	Y	K	T	I	B	U	V	D	O	D	D
O	E	N	I	N	A	L	P	V	F	J	A	V	A	I
L	P	E	C	C	N	O	U	Z	O	Y	T	N	N	Č
O	A	M	G	E	Z	A	G	N	C	T	Z	A	J	I
Ž	N	A	R	O	M	U	G	R	R	I	I	A	O	E
A	O	K	O	P	A	S	N	O	S	T	I	N	U	И
J	S	P	D	U	Z	G	L	U	P	D	G	A	J	A
P	A	J	A	F	D	V	U	U	M	K	F	K	S	E
Y	N	C	P	R	I	P	R	E	M	A	P	A	A	D
P	A	R	K	O	V	A	J	L	V	I	D	B	I	L

ŽIVOTINJE
ČIZME
KAMPOVANJE
KLIF
KLIMA
VODIČI
OPASNOSTI
TEŠKA
MAPA
PLANINE
PRIRODA
POLOŽAJ
PARKOVA
PRIPREMA
KAMENJE
SAMIT
SUNCE
UMORAN
VODA
DIVLJA

64 - Professions #1

И	I	A	B	A	P	A	A	R	I	Z	J	Y	Y	Y
H	M	A	T	S	M	I	S	I	A	M	N	V	E	C
P	U	T	U	E	R	B	J	T	A	K	O	V	D	A
M	U	Z	I	Č	A	R	A	A	R	S	A	H	И	V
H	B	H	Y	V	K	A	C	S	N	O	A	G	C	O
A	Y	J	L	A	N	K	A	M	A	I	N	L	A	L
A	И	Z	V	P	A	E	S	O	A	D	S	O	A	T
U	U	G	И	И	B	L	A	R	F	D	O	T	M	O
P	S	I	H	O	L	O	G	N	J	K	A	R	A	K
K	R	O	J	A	Č	O	O	A	G	E	O	L	O	G
U	R	E	D	N	I	K	R	R	E	N	E	R	T	Z
S	E	S	T	R	A	K	T	P	Z	L	A	T	A	R
M	R	O	S	S	F	F	A	R	G	O	T	R	A	K
Y	P	I	T	U	B	C	V	H	Y	Y	H	R	I	N
P	L	E	S	A	Č	I	C	A	Z	T	F	A	P	D

AMBASADOR
ASTRONOM
ADVOKAT
BANKAR
KARTOGRAF
TRENER
PLESAČICA
LEKAR
UREDNIK
VATROGASAC
GEOLOG
LOVAC
ZLATAR
MUZIČAR
SESTRA
PIJANISTA
PSIHOLOG
MORNAR
KROJAČ

65 - Barbecues

P	O	R	O	D	I	C	A	K	I	Z	U	M	S	H
N	T	I	И	N	J	R	O	Š	T	I	L	J	O	O
O	F	I	L	T	L	U	G	T	A	V	L	O	I	A
Ž	L	B	P	И	E	S	P	A	R	A	D	A	J	Z
E	S	D	O	S	T	O	A	O	E	Ć	U	R	V	L
V	V	K	I	R	A	S	И	L	V	A	U	E	E	K
I	I	A	H	V	J	S	M	I	A	M	H	Č	P	P
P	L	E	R	G	I	L	E	T	O	T	Z	E	F	R
U	J	K	A	J	R	F	R	O	G	V	E	V	И	N
P	U	P	N	Z	P	P	I	L	E	L	O	L	Z	P
O	Š	C	A	P	A	R	T	V	I	И	A	Ć	O	S
O	K	L	C	E	F	Y	P	F	C	L	E	D	E	J
E	E	E	E	L	E	B	H	K	N	C	F	B	P	L
V	J	P	D	A	D	S	L	N	V	E	N	U	J	R
A	P	O	V	R	Ć	E	B	C	C	A	Z	И	M	Z

PILE
DECA
VEČERA
PORODICA
HRANA
VILJUŠKE
PRIJATELJI
VOĆE
IGRE
ROŠTILJ
VRUĆE
GLAD
NOŽEVI
MUZIKA
SALATE
SO
SOS
LETO
PARADAJZ
POVRĆE

66 - Chocolate

L	I	Y	Y	H	A	S	O	K	O	K	N	A	S	Z
R	E	C	E	P	T	A	K	A	R	A	M	E	L	A
A	E	N	C	V	S	S	Z	K	J	И	Š	V	L	N
N	N	Y	A	O	I	T	И	O	P	G	E	A	A	A
O	Č	T	T	R	H	O	A	K	A	K	Ć	T	Y	T
B	I	F	I	A	E	J	K	T	U	O	E	U	J	S
M	T	A	A	O	L	A	R	A	K	I	R	O	M	K
O	O	J	D	N	K	K	O	L	U	E	A	M	P	I
B	Z	I	K	S	Z	S	G	S	S	J	И	I	Y	P
F	G	R	E	U	N	M	I	A	K	A	N	L	K	V
И	E	O	C	K	P	U	O	D	Z	R	B	J	I	I
C	Z	L	P	U	P	R	A	H	A	H	P	E	R	J
K	V	A	L	I	T	E	T	A	L	N	E	N	G	O
K	I	K	I	R	I	K	I	B	R	M	S	I	E	Z
U	E	V	F	V	A	R	O	M	E	A	J	S	Z	S

ANTIOKSIDANS
AROME
ZANATSKI
GORKA
KAKAO
KALORIJA
BOMBONA
KARAMEL
KOKOS
UKUSNO

EGZOTIČNE
OMILJENI
SASTOJAK
KIKIRIKI
PRAH
KVALITET
RECEPT
ŠEĆERA
SLATKO
UKUS

67 - Vegetables

И	A	R	J	C	P	И	L	O	P	K	K	L	B	K
B	L	E	Y	F	K	A	K	Š	A	R	G	P	R	R
E	Z	P	M	C	Y	Z	T	S	S	S	Y	L	O	A
L	J	A	L	H	U	V	D	L	P	L	И	U	K	S
I	A	R	T	I	Č	O	K	E	I	A	M	K	O	T
L	D	И	M	H	C	E	L	E	R	D	N	I	L	A
U	A	B	U	N	D	E	V	E	G	S	Ž	A	I	V
K	R	K	A	R	F	I	O	L	Š	B	V	A	Ć	A
C	A	G	C	L	L	T	K	И	И	A	E	K	N	C
P	P	Š	A	R	G	A	R	E	P	A	L	Y	B	G
P	E	R	Š	U	N	S	A	L	A	T	A	O	V	L
И	B	I	И	A	R	O	T	K	V	I	C	A	T	J
Đ	U	M	B	I	R	V	J	B	J	V	U	U	N	I
K	B	J	T	F	B	I	Y	R	U	M	E	C	И	V
S	N	R	P	E	S	V	P	L	Z	J	G	A	P	A

ARTIČOKE
BROKOLI
ŠARGAREPA
KARFIOL
CELER
KRASTAVAC
PATLIDŽAN
BELI LUK
ĐUMBIR
GLJIVA
LUK
PERŠUN
GRAŠKA
BUNDEVE
ROTKVICA
SALATA
ŠALOT
SPANAĆ
PARADAJZ
REPA

68 - The Media

F	P	O	J	E	D	I	N	A	C	I	Č	P	O	I
N	I	N	L	A	K	O	L	H	H	P	A	P	N	N
O	I	N	V	A	J	H	Y	I	R	T	S	K	L	T
V	Z	D	A	V	O	V	A	T	S	F	O	O	I	E
I	D	E	J	N	E	J	L	Š	I	M	P	M	N	L
N	A	U	I	M	S	M	R	N	O	Y	I	E	E	E
E	N	G	C	K	Z	I	R	Y	D	S	S	R	C	K
U	J	A	A	B	P	И	R	E	T	V	I	C	I	T
H	E	P	K	V	R	J	R	A	Ž	F	M	I	N	U
D	I	G	I	T	A	L	N	I	N	A	A	J	E	A
P	И	И	N	R	A	D	I	O	N	J	Y	A	J	L
A	T	J	U	G	B	L	C	S	A	U	E	L	N	N
S	G	K	M	A	J	I	R	T	S	U	D	N	I	E
I	Z	D	O	Y	O	P	O	P	Y	И	J	I	Č	Z
H	T	U	K	O	B	R	A	Z	O	V	A	N	J	E

STAVOVA
KOMERCIJALNI
KOMUNIKACIJA
DIGITALNI
IZDANJE
OBRAZOVANJE
ČINJENICE
FINANSIRANJE
POJEDINAC
INDUSTRIJA
INTELEKTUALNE
LOKALNI
ČASOPISIMA
MREŽA
NOVINE
ONLINE
MIŠLJENJE
JAVNI
RADIO

69 - Boats

G	N	L	O	K	G	Y	N	N	L	И	B	L	F	S
J	A	T	F	F	F	V	A	V	O	B	K	U	B	P
S	I	D	R	O	K	I	U	S	B	B	A	F	Y	L
T	G	C	O	N	S	G	T	J	R	V	J	K	A	A
T	R	A	J	E	K	T	I	И	A	K	A	И	H	V
U	R	P	V	K	O	N	Č	P	J	A	K	O	S	И
V	M	O	C	E	D	I	K	J	L	N	E	M	M	B
T	O	N	R	R	O	G	I	M	U	U	C	L	O	G
P	R	O	K	E	A	N	H	S	I	A	H	K	R	U
И	N	K	Y	M	Z	A	T	И	Y	P	M	E	E	K
P	A	И	T	C	U	E	T	H	A	J	V	T	M	L
A	R	O	T	O	M	C	J	N	Z	T	P	Y	I	Z
P	O	S	A	D	E	И	D	I	S	K	I	T	L	O
J	E	D	R	I	L	I	C	A	Z	N	R	N	P	U
V	Y	M	Y	D	H	U	L	L	L	P	Y	O	K	Y

SIDRO
BOVA
KANU
POSADE
DOK
MOTOR
TRAJEKT
KAJAK
JEZERO
JARBOL
NAUTIČKIH
OKEAN
SPLAV
REKE
KONOPAC
JEDRILICA
MORNAR
MORE
PLIME
JAHTE

70 - Driving

V	N	H	A	Y	B	S	L	V	B	A	S	C	U	P
R	C	E	E	C	G	A	R	A	Ž	A	B	O	И	S
P	B	S	S	G	K	P	U	T	G	И	C	H	Z	G
T	L	I	A	R	G	A	G	O	R	I	V	O	S	A
U	F	O	J	O	E	S	M	Z	T	T	N	V	I	S
N	D	I	I	T	B	Ć	P	I	S	T	P	V	G	F
E	D	Z	C	O	D	R	A	I	O	T	T	A	U	V
L	И	И	I	M	P	O	A	A	N	N	J	C	R	M
K	E	I	L	V	A	T	N	Ć	S	V	S	P	N	L
J	L	F	O	P	И	N	I	K	A	Š	E	P	O	E
Y	V	I	P	O	V	P	Z	R	P	J	K	D	S	B
L	I	C	E	N	C	U	R	P	O	E	A	I	T	H
O	F	I	Y	H	S	G	B	K	O	Č	N	I	C	E
O	A	L	V	O	Z	A	Č	F	L	M	P	C	Z	D
J	E	U	K	O	L	A	Y	A	M	A	P	A	V	C

NESREĆA
KOČNICE
KOLA
OPASNOST
VOZAČ
GORIVO
GARAŽA
GAS
LICENCU
MAPA
MOTOR
PEŠAK
POLICIJA
PUT
SIGURNOST
BRZINA
ULICI
SAOBRAĆAJA
KAMION
TUNEL

71 - Biology

R	P	I	K	S	S	H	M	S	T	U	P	H	K	D
P	I	E	P	A	L	R	U	I	L	L	C	U	J	F
Ć	E	L	I	J	U	O	T	M	Z	I	S	L	I	V
S	F	I	O	I	V	M	A	B	S	N	A	M	P	A
I	E	T	И	R	A	O	C	I	P	C	E	D	N	V
N	G	P	V	E	B	Z	I	O	A	P	G	N	P	R
A	I	E	T	T	P	O	J	Z	O	S	M	O	Z	E
P	V	R	P	K	L	M	E	E	T	V	A	R	P	N
S	F	U	R	A	S	I	S	V	P	P	E	U	R	O
E	T	D	F	B	G	A	C	A	T	Z	M	E	O	M
F	O	T	O	S	I	N	T	E	Z	A	B	N	T	R
E	V	O	L	U	C	I	J	E	G	F	R	I	E	O
Z	F	A	N	A	T	O	M	I	J	E	I	B	I	H
P	R	I	R	O	D	N	O	L	O	N	O	R	N	N
K	O	L	A	G	E	N	A	B	I	O	N	I	A	T

ANATOMIJE
BAKTERIJA
ĆELIJU
HROMOZOM
KOLAGENA
EMBRION
ENZIM
EVOLUCIJE
HORMON
SISAR
MUTACIJE
PRIRODNO
NERVA
NEURON
OSMOZE
FOTOSINTEZA
PROTEINA
REPTIL
SIMBIOZE
SINAPSE

72 - Professions #2

Z	D	E	T	E	K	T	I	V	Z	P	L	C	U	A
I	U	B	A	Š	T	O	V	A	N	O	R	И	Č	S
L	H	B	L	I	N	G	V	I	S	T	A	O	I	T
A	P	R	A	K	E	T	O	I	L	B	I	B	T	R
G	S	Z	C	R	T	B	P	И	P	T	H	A	E	O
Č	A	Z	A	L	A	N	O	R	P	I	L	R	L	N
S	U	V	A	M	A	K	R	P	H	M	L	G	J	A
D	A	Z	R	E	J	N	E	Ž	N	I	P	O	A	U
Z	O	O	L	O	G	O	M	L	И	P	C	L	T	T
N	O	V	I	N	A	R	R	I	V	H	A	O	E	A
H	I	R	U	R	G	O	A	U	L	V	V	I	R	E
F	O	T	O	G	R	A	F	L	L	N	D	B	P	C
I	L	U	S	T	R	A	T	O	R	D	B	Z	N	A
L	S	B	R	S	F	B	I	A	U	K	И	J	D	S
F	I	L	O	Z	O	F	O	P	S	L	I	K	A	R

ASTRONAUTA
BIOLOG
ZUBAR
DETEKTIV
INŽENJER
FARMER
BAŠTOVAN
ILUSTRATOR
PRONALAZAČ
NOVINAR
BIBLIOTEKAR
LINGVISTA
SLIKAR
FILOZOF
FOTOGRAF
LEKAR
PILOT
HIRURG
UČITELJ
ZOOLOG

73 - Emotions

V	A	E	J	I	T	A	P	M	I	S	E	B	T	P
Z	T	V	H	A	R	T	S	I	O	R	S	L	P	B
I	F	L	A	G	Ž	U	B	R	P	R	P	A	И	Z
C	C	U	P	U	И	R	N	N	Y	E	O	Ž	P	A
N	G	P	V	T	C	N	D	O	И	L	K	E	L	D
D	P	P	N	L	J	U	B	A	V	J	O	N	J	O
A	P	D	И	Z	F	V	B	D	S	E	J	S	U	V
T	S	O	D	A	R	I	M	B	E	F	A	T	B	O
O	P	U	Š	T	E	N	O	K	K	I	J	V	A	L
M	M	P	E	G	S	D	O	S	A	D	E	O	Z	J
A	O	V	B	U	A	O	G	I	N	H	Y	И	N	A
R	E	J	N	E	Đ	A	N	E	N	Z	I	Y	O	N
S	A	P	P	B	N	P	O	Ž	P	V	S	L	S	S
Z	A	H	V	A	L	A	N	P	E	N	B	S	T	A
P	Y	P	N	S	I	K	F	P	Y	N	Y	B	P	F

BES
BLAŽENSTVO
DOSADE
MIRNO
SADRŽAJ
SRAMOTA
STRAH
ZAHVALAN
RADOST
LJUBAZNOST
LJUBAV
MIR
OPUŠTENO
RELJEF
TUGA
ZADOVOLJAN
IZNENAĐENJE
SIMPATIJE
NEŽNOST
SPOKOJ

74 - Mythology

B	E	S	M	R	T	N	O	S	T	M	И	J	I	E
B	O	Ž	A	N	S	T	A	V	A	И	U	V	C	И
N	S	T	V	O	R	E	N	J	E	S	G	N	E	B
E	F	O	R	T	S	A	T	A	K	F	I	V	J	I
B	L	K	L	J	U	B	O	M	O	R	E	V	K	E
E	P	H	S	L	E	G	E	N	D	A	E	R	A	G
S	A	O	T	M	Č	U	D	O	V	I	Š	T	E	R
A	R	Y	N	P	R	U	V	E	R	E	N	J	A	M
R	H	E	I	A	K	T	T	A	E	U	P	E	T	L
U	E	Z	R	I	Š	Y	N	M	И	N	V	P	E	J
T	T	K	I	N	T	A	R	I	L	N	J	L	V	A
L	I	S	V	P	E	J	N	A	R	A	V	T	S	V
U	P	M	A	E	F	Z	J	J	F	M	J	P	O	I
K	V	L	L	P	U	F	C	M	E	N	U	N	M	N
G	H	E	R	O	J	K	N	N	N	P	Y	R	Y	A

ARHETIP
PONAŠANJE
UVERENJA
STVARANJE
STVORENJE
KULTURA
BOŽANSTAVA
KATASTROFE
NEBESA
HEROJ
BESMRTNOST
LJUBOMORE
LAVIRINT
LEGENDA
MUNJE
ČUDOVIŠTE
SMRTNI
OSVETA
GRMLJAVINA
RATNIK

75 - Agronomy

M	S	U	E	N	U	J	N	E	Ž	U	R	K	O	F
A	J	N	E	Đ	A	G	A	Z	U	A	U	A	O	H
G	Z	Z	J	E	I	A	U	T	H	J	P	И	B	H
S	D	K	J	D	K	N	K	I	C	N	J	U	I	D
B	I	L	J	K	E	O	E	Z	I	D	R	P	M	G
H	R	A	N	A	L	Z	L	E	R	O	Z	I	J	E
O	R	G	A	N	S	K	I	O	P	V	A	J	I	E
R	Đ	U	B	R	I	V	A	A	G	Z	M	R	T	I
U	P	O	V	R	Ć	E	K	M	F	I	R	E	C	I
R	M	E	D	E	R	V	I	R	P	O	J	L	O	P
A	J	I	D	U	T	S	A	R	H	R	R	E	E	V
L	I	M	E	T	S	I	S	P	P	P	И	И	A	O
N	Z	E	M	L	J	O	R	A	D	N	J	U	L	D
I	T	S	E	L	O	B	V	R	F	M	K	И	M	A
H	O	P	S	A	U	Y	E	N	E	R	G	I	J	A

POLJOPRIVREDE
BOLESTI
EKOLOGIJE
ENERGIJA
OKRUŽENJU
EROZIJE
ZEMLJORADNJU
ĐUBRIVA
HRANA
ORGANSKI
BILJKE
ZAGAĐENJA
PROIZVODNJA
RURALNIH
NAUKE
SEME
STUDIJA
SISTEMI
POVRĆE
VODA

76 - Hair Types

K	Z	S	O	И	P	G	P	M	G	H	C	H	A	V
A	O	G	U	D	O	L	P	L	E	T	E	N	I	R
T	L	V	S	I	V	A	E	L	V	M	I	E	D	E
A	O	A	R	I	U	N	M	T	C	T	R	V	E	S
R	K	R	U	D	V	R	P	P	E	K	K	N	B	P
K	N	D	A	C	Ž	C	U	J	M	N	K	F	E	J
B	E	Z	И	B	Z	A	И	O	J	Z	I	C	O	Z
V	R	J	L	P	K	K	V	L	Y	I	P	C	I	G
E	D	A	I	N	O	E	A	A	S	U	V	A	E	G
I	Z	N	O	E	A	M	L	P	L	A	V	A	I	K
A	Y	J	E	N	Y	R	E	O	B	O	J	E	N	E
A	M	A	B	K	S	G	Ć	T	A	N	A	K	B	H
И	D	J	G	A	P	O	C	S	A	P	I	P	N	R
A	T	S	A	S	A	L	A	T	S	B	G	O	A	M
R	K	M	B	A	I	K	P	H	M	H	A	И	H	O

ĆELAV
CRNA
PLAVA
PLETENI
PLETENICE
BRAON
OBOJENE
LOKNE
KOVRDŽAVA
SUVA
SIVA
ZDRAV
DUGO
SJAJNA
KRATAK
MEKA
DEBEO
TANAK
TALASASTA
BEO

77 - Garden

D	B	P	T	T	U	T	L	J	D	B	E	N	M	H
E	P	A	J	R	G	R	A	Ž	A	R	A	G	B	M
I	Y	И	J	E	D	A	R	G	O	Z	V	A	O	R
P	N	J	P	M	S	M	K	И	V	O	R	O	K	E
R	F	U	L	G	N	P	D	D	E	G	J	F	O	O
G	Z	M	J	B	D	O	E	J	R	H	N	И	I	R
R	T	E	P	K	O	L	K	F	C	B	R	G	Z	D
A	P	U	L	K	P	I	A	D	P	N	V	R	F	I
B	N	R	K	A	N	N	J	Y	A	M	B	M	B	E
L	B	E	O	A	T	Š	A	B	L	O	P	A	T	A
J	Y	Z	V	A	J	N	L	T	E	V	C	T	L	F
E	S	E	G	J	P	N	A	G	R	F	A	D	E	L
A	Z	J	V	D	E	U	Ć	A	S	A	R	E	T	Y
V	I	S	E	Ć	A	E	И	O	K	R	V	K	Y	R
T	R	A	V	N	J	A	K	V	V	I	Y	A	S	F

KLUPA
GRM
OGRADE
CVET
GARAŽA
BAŠTA
TRAVA
VISEĆA
CREVO
TRAVNJAK
VOĆNJAK
JEZERU
TREM
GRABLJE
LOPATA
TERASA
TRAMPOLIN
DRVO
VAJN
KOROV

78 - Diplomacy

B	L	R	A	M	B	A	S	A	D	O	R	D	I	J
D	A	E	J	E	J	I	S	U	K	S	I	D	N	И
E	R	Š	V	K	K	I	O	P	G	V	И	S	T	U
C	E	E	O	L	P	I	G	O	H	F	Z	I	E	S
B	K	N	O	C	A	E	T	N	T	S	I	G	G	A
R	S	J	L	G	N	D	I	I	U	U	B	U	R	V
Z	N	E	V	A	A	A	A	S	L	K	M	R	I	E
U	A	K	T	M	Đ	S	H	A	A	O	E	N	T	T
G	Đ	J	K	L	A	A	V	R	Z	B	P	O	E	N
O	A	L	E	R	R	B	M	A	D	A	A	S	T	I
V	R	S	И	D	G	M	D	D	I	J	I	T	K	K
O	G	O	P	Y	N	A	G	N	E	T	I	K	E	D
R	M	Z	R	S	Z	I	C	J	P	R	A	V	D	A
A	P	S	Z	P	A	C	C	A	T	L	D	G	D	Z
D	I	Y	G	E	K	S	T	A	M	O	L	P	I	D

SAVETNIK
AMBASADOR
GRAĐANA
GRAĐANSKE
ZAJEDNICA
SUKOBA
SARADNJA
DIPLOMATSKE
DISKUSIJE
AMBASADE
ETIKE
VLADA
INTEGRITET
PRAVDA
POLITIKE
SIGURNOST
REŠENJE
UGOVORA

79 - Countries #1

R	N	A	F	F	I	N	O	R	V	E	Š	K	A	T
K	A	N	A	D	A	Z	V	I	T	A	L	I	J	A
P	L	N	V	B	B	P	R	O	P	T	Y	L	C	P
O	E	I	P	И	O	И	U	A	L	R	I	F	V	I
L	U	K	H	L	N	L	O	Y	E	D	G	R	P	G
J	C	A	L	I	B	I	J	A	S	L	H	M	A	E
S	E	R	A	Z	Š	P	A	N	I	J	A	A	J	K
K	N	A	G	A	K	Č	A	M	E	N	K	R	I	M
A	E	G	E	R	D	P	A	U	L	L	И	O	N	F
L	V	V	N	B	J	M	K	L	C	C	Z	K	O	I
H	Y	A	E	R	U	M	U	N	I	J	A	O	T	N
V	P	U	S	V	I	J	E	T	N	A	M	N	E	S
B	Y	P	G	P	U	O	G	E	C	K	Z	E	L	K
S	P	N	I	I	A	G	V	F	R	V	A	E	T	A
I	C	A	P	A	N	A	M	A	I	Y	P	T	K	A

BRAZIL
KANADA
EGIPAT
FINSKA
NEMAČKA
IRAK
IZRAEL
ITALIJA
LETONIJA
LIBIJA
MAROKO
NIKARAGVA
NORVEŠKA
PANAMA
POLJSKA
RUMUNIJA
SENEGAL
ŠPANIJA
VENECUELA
VIJETNAM

80 - Adjectives #1

N	O	U	M	E	T	N	I	Č	K	E	V	B	C	U
N	Z	S	S	D	P	G	A	Z	B	U	R	V	S	I
R	B	H	P	E	I	H	M	P	U	A	E	A	L	T
E	I	L	H	O	G	N	S	O	C	T	D	P	H	A
Z	L	U	I	L	R	B	D	N	И	E	N	S	P	M
D	J	J	И	F	B	O	F	S	A	Š	E	O	H	N
N	A	Č	I	T	N	E	D	I	A	K	Y	L	C	O
M	N	P	P	Y	N	K	F	R	G	A	И	U	V	T
L	A	A	E	N	Č	I	T	O	Z	G	E	T	A	M
H	Ć	O	H	L	Y	D	L	K	A	P	N	N	Ž	O
N	E	R	K	S	I	C	S	R	D	P	K	E	N	D
H	R	V	E	L	I	K	O	D	U	Š	A	N	O	E
N	S	A	M	B	I	C	I	O	Z	A	N	A	D	R
A	T	R	A	K	T	I	V	N	E	B	A	A	D	A
A	R	O	M	A	T	I	Č	N	O	M	T	R	E	N

APSOLUTNE
AMBICIOZAN
AROMATIČNO
UMETNIČKE
ATRAKTIVNE
LEPA
TAMNO
EGZOTIČNE
VELIKODUŠAN
SREĆAN
TEŠKA
KORISNO
ISKREN
IDENTIČAN
VAŽNO
MODERAN
OZBILJAN
SPORO
TANAK
VREDNE

81 - Rainforest

R	A	U	T	O	H	T	O	N	I	H	N	V	T	P
O	E	T	Š	I	Č	O	T	U	C	I	U	R	S	O
C	C	S	D	N	P	J	T	F	E	K	A	E	O	Š
И	I	D	T	E	J	N	A	V	U	Č	O	D	K	T
O	T	И	P	A	E	P	O	O	S	I	A	N	I	O
S	P	P	U	T	U	Z	R	T	И	N	L	E	L	V
I	E	S	G	S	И	R	J	I	C	A	L	B	O	A
S	T	Z	T	И	B	N	A	И	R	T	Z	M	N	T
A	C	P	E	A	И	M	M	C	S	O	P	R	Z	I
R	J	J	P	K	N	G	I	V	I	B	D	И	A	L
A	T	G	S	L	P	A	L	P	P	J	R	A	R	G
I	N	S	E	K	T	I	K	E	L	G	A	C	I	N
M	A	H	O	V	I	N	A	A	V	R	S	T	E	U
P	V	O	D	O	Z	E	M	C	I	O	J	F	A	Ž
N	A	O	O	V	Z	A	J	E	D	N	I	C	A	D

VODOZEMCI
PTICE
BOTANIČKI
KLIMA
OBLACI
ZAJEDNICA
RAZNOLIKOST
AUTOHTONIH
INSEKTI
DŽUNGLI
SISARA
MAHOVINA
PRIRODA
OČUVANJE
UTOČIŠTE
POŠTOVATI
RESTAURACIJA
VRSTE
OPSTANAK
VREDNE

82 - Global Warming

P	O	P	U	L	A	C	I	J	E	P	R	L	A	F
Z	M	E	Đ	U	N	A	R	O	D	N	I	C	V	S
A	V	H	J	M	A	J	I	R	T	S	U	D	N	I
K	P	A	K	I	P	N	P	F	U	A	D	A	L	V
O	L	И	H	P	C	Ž	M	K	I	R	V	D	S	P
N	D	P	Z	A	Y	A	M	I	L	K	O	A	T	O
A	Y	D	D	G	K	P	R	N	K	T	K	S	A	D
R	A	J	I	G	R	E	N	E	I	I	M	A	N	A
H	A	E	A	M	I	Y	P	S	N	K	P	G	I	T
N	Y	Z	T	U	Z	P	L	N	Č	E	L	A	Š	A
V	R	И	V	B	E	T	N	C	U	I	G	Y	T	K
T	A	K	Š	O	L	O	K	E	A	K	S	J	A	A
U	I	D	J	F	J	T	S	O	N	Ć	U	D	U	B
E	T	E	M	P	E	R	A	T	U	R	E	H	G	E
I	И	N	R	K	J	S	L	U	D	I	D	R	U	N

ARKTIK
PAŽNJA
KLIMA
KRIZE
PODATAKA
RAZVOJ
ENERGIJA
EKOLOŠKA
BUDUĆNOST
GAS
GENERACIJE
VLADA
STANIŠTA
INDUSTRIJA
MEĐUNARODNI
ZAKONA
SADA
POPULACIJE
NAUČNIK
TEMPERATURE

83 - Landscapes

K	E	Z	A	V	A	R	A	V	Č	O	M	Y	Z	O
P	L	A	N	I	N	E	E	R	D	N	U	T	P	A
P	F	Ž	G	A	И	G	K	K	M	J	O	D	O	Z
C	N	A	O	O	K	P	A	N	E	N	C	O	L	E
A	G	L	N	N	K	L	O	K	E	A	N	L	U	N
A	A	P	G	U	B	C	U	D	G	I	L	I	O	I
P	U	S	T	I	N	J	I	V	J	F	O	N	S	Ć
G	E	J	Z	I	R	R	Z	B	N	F	T	I	T	E
L	E	D	E	N	O	G	B	R	E	G	A	D	R	P
V	O	D	O	P	A	D	J	E	Z	E	R	O	V	Z
T	O	C	P	T	O	M	O	V	S	M	E	V	O	U
U	D	H	A	M	U	B	B	I	T	U	Č	R	D	И
N	U	U	D	V	H	И	T	Z	Z	Y	E	T	R	F
И	C	Z	L	M	O	R	E	M	J	A	L	S	B	O
K	A	L	C	U	L	И	K	R	K	J	G	O	A	L

PLAŽA
PEĆINE
PUSTINJI
GEJZIR
GLEČER
BRDO
LEDENOG BREGA
OSTRVO
JEZERO
PLANINE
OAZE
OKEAN
POLUOSTRVO
REKE
MORE
MOČVARA
TUNDRE
DOLINI
VULKAN
VODOPAD

84 - Visual Arts

G	V	A	T	S	A	S	V	S	L	C	Y	K	S	P
L	A	J	R	S	K	Š	A	B	L	O	N	E	J	E
I	P	I	E	L	V	U	U	T	Y	N	P	R	A	R
N	P	F	M	I	O	V	L	F	G	T	R	A	R	S
E	K	A	E	K	L	S	A	P	C	P	R	M	H	P
D	R	R	K	A	O	S	H	M	T	K	B	I	I	E
E	I	G	D	R	P	Z	T	И	B	U	E	K	T	K
R	M	O	E	S	E	F	R	A	G	O	R	E	E	T
K	F	T	L	T	O	J	T	D	L	K	F	E	K	I
K	G	O	O	V	F	I	L	M	J	A	N	V	T	V
U	Y	F	S	O	C	J	J	C	V	K	K	Y	U	E
I	G	P	O	R	T	R	E	T	A	P	U	T	R	P
U	K	A	S	O	V	U	M	E	T	N	I	K	A	E
V	M	A	L	K	R	E	A	T	I	V	N	O	S	T
E	A	O	E	J	I	R	A	Č	N	R	G	L	P	J

ARHITEKTURA
UMETNIK
KERAMIKE
KREDE
UGALJ
GLINE
SASTAV
KREATIVNOST
STALAK
FILM
REMEK-DELO
SLIKARSTVO
OLOVKA
PERSPEKTIVE
FOTOGRAFIJA
PORTRET
GRNČARIJE
SKULPTURE
ŠABLON
VOSAK

85 - Plants

I	K	S	F	T	И	P	G	B	H	S	K	H	U	S
A	N	A	J	L	Š	R	B	R	P	J	A	B	L	U
A	B	V	K	Y	D	I	N	J	M	B	A	E	L	I
U	O	A	J	T	E	V	C	H	S	R	G	R	L	C
K	T	R	A	M	U	Š	J	E	I	T	R	R	L	A
U	A	T	N	F	E	S	U	B	M	A	B	I	Y	N
И	N	И	I	P	U	T	F	E	R	V	A	Đ	L	U
O	I	P	V	K	P	A	S	U	L	J	Š	U	U	B
D	K	A	O	V	R	D	J	C	J	C	T	B	G	P
V	E	S	H	И	C	F	L	O	R	E	A	R	N	B
N	Ć	U	A	H	T	M	S	H	E	I	L	I	A	I
J	Š	N	M	K	O	R	E	N	P	V	R	V	T	P
И	I	L	A	T	I	C	A	И	A	S	A	A	R	J
N	L	V	E	G	E	T	A	C	I	J	E	Y	C	J
Y	D	S	L	P	A	J	И	U	E	F	N	Y	И	F

BAMBUS
PASULJ
BERRI
BOTANIKE
GRM
KAKTUS
ĐUBRIVA
FLORE
CVET
LIŠĆE
ŠUMA
BAŠTA
TRAVA
BRŠLJAN
MAHOVINA
LATICA
KOREN
STEM
DRVO
VEGETACIJE

86 - Countries #2

M	L	J	Z	B	U	E	J	I	L	A	M	O	S	C
E	K	Č	R	G	K	J	L	A	P	E	N	E	O	P
K	N	L	P	И	R	I	I	A	M	N	K	M	A	Y
S	S	T	Y	T	A	R	A	A	F	A	T	G	L	U
I	Y	Y	Z	M	J	E	Z	H	I	C	J	V	A	S
K	F	M	A	A	I	B	Z	E	K	G	O	K	D	U
O	J	U	N	L	N	I	F	J	N	O	M	A	A	D
E	P	L	E	F	A	L	Z	I	A	V	F	A	J	A
M	T	K	B	M	M	Y	E	R	T	P	Y	I	I	N
A	J	I	R	E	G	I	N	I	S	M	A	D	N	A
K	V	T	O	A	I	R	U	S	I	J	A	N	A	B
S	И	I	B	P	A	M	Z	E	K	N	A	A	B	I
N	D	A	M	F	I	K	N	C	A	V	N	G	L	L
A	U	H	O	N	V	J	N	A	P	V	A	U	A	K
D	Y	M	Z	S	M	O	E	L	S	N	V	M	L	I

ALBANIJA
DANSKA
ETIOPIJE
GRČKE
HAITI
JAMAJKA
JAPAN
LAOS
LIBAN
LIBERIJE
MEKSIKO
NEPAL
NIGERIJA
PAKISTAN
RUSIJA
SOMALIJE
SUDAN
SIRIJE
UGANDI
UKRAJINA

87 - Ecology

A	D	F	A	U	N	E	E	K	T	S	O	F	K	O
O	A	C	S	A	C	H	E	I	E	D	P	L	L	D
R	A	Z	N	O	L	I	K	O	S	T	S	O	I	R
P	V	D	A	O	E	K	J	B	R	U	T	R	M	Ž
P	R	E	M	R	A	S	L	И	U	H	A	E	A	I
R	J	I	G	A	S	R	I	Z	S	E	N	T	I	V
I	I	A	R	E	N	O	B	Z	E	Y	A	Š	P	M
R	F	R	G	O	T	M	E	L	R	G	K	I	R	O
O	F	A	B	Y	D	A	A	И	A	D	И	N	H	D
D	Z	V	R	D	B	N	C	E	N	I	N	A	L	P
A	O	Č	U	O	A	Z	O	I	M	V	H	T	B	B
G	L	O	B	A	L	N	O	S	J	F	S	S	D	R
C	V	M	V	D	A	F	I	N	U	E	R	A	E	L
V	R	S	T	E	C	S	M	Z	A	Š	J	D	F	Z
P	V	L	I	V	T	E	C	I	N	D	E	J	A	Z

KLIMA
ZAJEDNICE
RAZNOLIKOST
SUŠE
FAUNE
FLORE
GLOBALNO
STANIŠTE
MORSKIH
MOČVARA
PLANINE
PRIRODNO
PRIRODA
BILJKE
RESURSE
VRSTE
OPSTANAK
ODRŽIV
VEGETACIJE

88 - Adjectives #2

A	И	F	S	S	Z	K	R	E	A	T	I	V	N	E
B	R	L	F	P	N	A	T	N	A	G	E	L	E	Y
P	L	G	P	O	A	O	N	S	O	D	K	U	Ć	P
G	K	D	E	S	A	R	P	I	I	H	N	M	U	B
K	C	D	K	P	O	T	D	O	M	R	O	O	R	B
D	V	B	T	A	N	Z	O	P	N	L	O	Y	V	D
O	G	H	I	N	D	E	A	O	N	O	J	P	A	A
O	D	G	O	V	O	R	A	N	A	N	S	I	D	B
H	B	A	J	Y	R	L	P	Z	D	И	U	N	V	Y
S	G	I	B	F	I	J	A	K	A	J	R	S	I	O
L	L	A	C	K	R	C	C	F	R	F	H	I	M	U
A	A	Y	L	H	P	И	G	И	E	E	K	P	D	D
N	D	D	I	V	L	J	A	B	N	S	O	O	A	Y
O	A	J	H	S	U	V	A	Z	D	R	A	V	Z	U
D	N	P	R	O	D	U	K	T	I	V	N	I	Z	U

KREATIVNE
OPISNI
SUVA
ELEGANTAN
POZNAT
NADAREN
ZDRAV
VRUĆE
GLADAN
ZANIMLJIVO
PRIRODNO
NOVA
PRODUKTIVNI
PONOSNI
ODGOVORAN
SLANO
POSPAN
JAK
DIVLJA

89 - Psychology

P	S	I	T	S	O	N	Č	I	L	O	I	C	L	I
E	D	P	S	H	I	F	Y	L	E	E	G	O	И	T
R	E	P	O	N	K	O	N	S	E	V	S	E	N	Y
C	T	O	N	Z	A	S	O	I	M	S	O	I	И	B
E	I	D	L	Y	N	Y	L	M	G	D	M	K	Y	A
P	N	S	A	Y	A	A	E	K	Č	I	N	I	L	K
C	J	V	E	R	T	A	J	I	C	A	Z	N	E	S
I	S	E	R	N	S	B	N	E	J	E	D	I	M	P
J	T	S	Z	Y	A	O	A	J	I	P	A	R	E	T
E	V	T	B	F	S	K	Š	P	V	F	H	A	L	F
P	A	R	B	A	U	U	A	A	I	G	G	H	B	G
O	И	A	Z	I	C	S	N	U	A	R	A	B	O	A
P	R	O	C	E	N	A	O	L	C	P	F	L	R	Y
S	N	O	V	E	A	T	P	C	Y	V	B	V	P	T
E	M	O	C	I	J	A	M	M	Y	И	O	И	P	F

SASTANAK
PROCENA
PONAŠANJE
DETINJSTVA
KLINIČKE
SPOZNAJE
SUKOBA
SNOVE
EGO
EMOCIJA
IDEJE
PERCEPCIJE
LIČNOSTI
PROBLEM
REALNOST
SENZACIJA
PODSVEST
TERAPIJA
MISLI
NESVESNO

90 - Math

T	P	A	S	P	N	I	B	L	P	S	V	P	E	J
И	R	K	I	N	Č	E	R	P	E	I	O	A	K	E
N	F	O	P	B	C	N	O	T	R	M	L	R	S	D
R	I	U	U	S	S	И	J	V	I	E	U	A	P	N
И	Y	U	K	G	E	E	E	Y	M	T	M	L	O	A
Z	F	M	P	Z	A	E	V	Y	E	R	E	E	N	Č
E	N	P	C	G	J	O	E	Y	T	I	N	L	E	I
U	P	O	L	I	G	O	N	A	A	J	A	N	N	N
K	G	P	P	H	И	C	L	D	R	A	J	I	T	A
K	V	L	V	G	P	И	A	R	A	D	I	J	U	S
F	C	A	O	T	P	N	M	I	B	O	C	I	U	T
A	U	A	D	V	B	D	I	O	F	V	K	A	Y	F
R	D	E	O	R	A	Y	C	A	Y	N	A	D	C	H
M	T	P	K	C	A	G	E	C	T	A	R	C	T	Z
E	N	P	M	I	G	T	D	A	R	K	F	O	Y	R

UGLOVA
OBIM
DECIMALNE
PREČNIK
JEDNAČINA
EKSPONENT
FRAKCIJA
BROJEVE
PARALELNI
PERIMETAR
POLIGONA
RADIJUS
KVADRAT
SIMETRIJA
TROUGAO
VOLUMEN

91 - Water

T	U	Š	D	M	D	M	V	V	O	H	U	E	N	V
Y	Z	P	J	E	Z	E	R	O	O	T	Z	J	D	S
K	P	O	P	J	A	Š	S	V	L	A	Ž	N	E	S
O	P	P	F	A	V	I	N	T	J	M	E	A	L	N
M	A	L	A	N	A	K	E	F	A	R	R	V	M	M
U	B	A	J	A	P	F	G	P	A	R	E	A	D	Y
P	B	V	N	G	И	A	J	K	A	L	G	J	Z	H
Y	G	A	A	A	K	E	P	J	I	T	A	N	U	M
F	P	S	V	R	E	B	L	R	Z	T	L	D	K	P
U	G	A	A	U	C	K	E	O	E	B	V	O	M	A
I	V	L	R	I	U	M	O	J	D	K	Z	V	K	I
P	A	A	A	J	Y	B	Z	N	E	P	E	A	P	F
K	P	T	P	G	E	J	Z	I	R	P	M	N	T	M
Y	I	T	S	O	N	Ž	A	L	V	K	R	P	R	I
Y	S	A	I	P	A	M	O	N	S	U	N	A	M	S

KANAL
VLAŽNE
ISPARAVANJA
POPLAVA
MRAZ
GEJZIR
VLAŽNOSTI
URAGAN
LED
NAVODNJAVANJE
JEZERO
VLAGE
MONSUN
OKEANA
KIŠE
REKE
TUŠ
SNEG
PARE
TALASA

92 - Activities

V	E	Š	T	I	N	A	B	I	F	U	K	Y	K	Y
S	L	O	B	O	D	N	O	T	O	J	Y	P	E	R
M	L	V	И	U	T	E	G	T	T	И	D	J	R	P
A	I	T	L	O	V	O	P	K	O	P	P	E	A	K
G	И	S	E	L	P	E	M	N	G	A	Z	J	M	A
I	T	N	U	A	O	E	S	E	R	E	T	N	I	M
J	K	A	L	T	I	G	R	E	A	E	S	E	K	P
A	U	V	J	S	I	A	A	Š	F	S	O	R	E	O
O	M	O	Z	O	A	O	A	I	I	R	N	A	P	V
Č	I	T	A	N	J	E	P	V	J	I	T	N	G	A
A	E	Š	T	V	U	И	P	E	E	B	E	I	U	N
Z	E	A	A	I	A	O	B	N	M	O	M	N	B	J
P	R	B	N	T	P	K	M	J	N	L	U	A	D	E
L	A	O	A	K	P	C	U	E	A	O	M	L	E	T
N	B	B	Z	A	E	U	Z	L	N	V	B	P	F	N

AKTIVNOST
UMETNOST
KAMPOVANJE
KERAMIKE
ZANATA
PLES
RIBOLOV
IGRE
BAŠTOVANSTVO
PLANINARENJE
LOV
INTERESE
SLOBODNO
MAGIJA
FOTOGRAFIJE
ČITANJE
ŠIVENJE
VEŠTINA

93 - Business

I	B	A	B	N	P	K	J	I	Y	A	P	F	Z	K
E	A	H	U	E	O	A	Z	V	C	S	A	I	T	И
U	B	G	D	L	S	N	M	K	N	G	J	N	R	E
T	I	O	Ž	E	L	C	Z	P	B	P	T	A	O	K
S	P	N	E	R	O	E	N	O	V	A	C	N	Š	O
U	A	E	T	A	D	L	V	A	K	P	T	S	K	N
P	A	L	H	D	A	A	И	A	И	A	P	I	A	O
O	R	S	B	N	V	R	D	U	L	F	F	J	Y	M
P	E	O	M	J	C	I	E	A	J	U	Y	A	F	I
P	Ž	P	D	U	A	J	Y	O	L	O	T	T	A	J
Z	D	A	O	A	R	E	J	I	R	A	K	E	B	E
T	A	Z	H	R	J	P	O	R	E	Z	J	E	R	P
V	N	I	I	F	O	A	N	D	F	U	F	D	I	E
K	E	H	R	K	U	B	J	U	C	E	S	P	K	T
P	M	T	P	D	V	T	E	L	C	U	P	C	E	L

BUDŽET
KARIJERA
TROŠKA
VALUTE
POPUST
EKONOMIJE
ZAPOSLENOG
POSLODAVCA
FABRIKE

FINANSIJA
PRIHOD
MENADŽER
ROBE
NOVAC
KANCELARIJE
PRODAJA
RADNJU
POREZ

94 - The Company

M	A	U	Y	C	G	F	P	U	P	N	H	O	P	I
D	O	H	I	R	P	D	O	Z	C	J	S	B	R	N
T	I	G	C	Z	B	O	S	O	Z	U	P	S	O	V
A	E	J	U	T	K	V	A	D	E	L	G	U	F	E
J	N	И	R	Ć	A	Z	O	L	J	I	I	R	E	S
R	V	J	И	F	N	I	И	U	N	N	N	E	S	T
A	I	V	E	V	B	O	B	K	E	D	O	S	I	I
И	T	Z	N	B	P	R	S	A	L	U	V	U	O	C
I	A	A	I	A	H	P	B	T	S	S	A	R	N	I
P	E	O	N	C	E	A	Z	R	O	T	T	S	A	J
G	R	M	G	Y	I	H	A	F	P	R	I	E	L	A
L	K	A	D	E	R	P	A	N	A	I	V	J	N	L
K	V	A	L	I	T	E	T	Z	Z	J	N	U	I	I
G	L	O	B	A	L	N	O	P	M	A	E	M	A	P
P	R	E	Z	E	N	T	A	C	I	J	A	H	V	U

POSAO
KREATIVNE
ODLUKA
ZAPOSLENJE
GLOBALNO
INDUSTRIJA
INOVATIVNE
INVESTICIJA
MOGUĆNOST
PREZENTACIJA
PROIZVOD
PROFESIONALNI
NAPREDAK
KVALITET
UGLED
RESURSE
PRIHOD
RIZICI

95 - Literature

O	H	A	C	V	Z	Z	L	Z	S	T	I	L	O	B
J	P	S	V	L	Z	A	Z	I	L	A	N	A	S	P
A	R	M	U	O	E	K	Č	I	N	S	E	P	U	U
E	M	A	T	J	M	L	S	E	A	M	G	U	L	K
N	F	T	A	F	I	J	Z	M	M	P	I	R	C	L
B	A	I	T	И	R	U	Z	U	O	A	A	C	I	И
I	Y	R	K	F	G	Č	A	S	R	R	I	O	P	И
O	J	V	A	C	N	A	J	I	G	O	L	A	N	A
G	A	C	M	T	I	K	S	P	C	F	O	F	I	T
R	P	U	E	L	O	J	G	O	L	A	J	I	D	O
A	E	F	T	C	B	R	A	K	P	T	O	R	I	D
F	S	G	L	O	P	O	R	E	Đ	E	N	J	E	G
I	M	C	P	P	R	Z	M	E	F	M	P	Y	T	E
J	A	T	R	A	G	E	D	I	J	E	И	Z	V	N
A	R	Z	A	O	A	S	S	G	C	B	R	A	P	A

ANALOGIJA
ANALIZA
ANEGDOTA
AUTOR
BIOGRAFIJA
POREĐENJE
ZAKLJUČAK
OPIS
DIJALOG
FIKCIJA
METAFORA
NARATOR
ROMAN
PESMA
PESNIČKE
RIME
RITAM
STIL
TEMA
TRAGEDIJE

96 - Geography

V	U	N	I	S	I	V	M	И	U	P	M	D	F	H
Y	J	S	G	C	B	U	O	P	O	U	И	B	Z	T
U	L	I	A	P	A	M	R	A	U	U	U	N	F	K
D	M	P	N	O	J	K	E	M	Z	R	I	E	K	H
T	E	R	I	T	O	R	I	J	E	A	E	D	P	E
N	Z	N	S	A	M	A	T	G	D	G	P	K	V	M
E	S	A	I	O	K	E	A	N	B	L	A	A	E	I
N	E	J	V	N	S	B	N	N	E	U	U	R	D	S
I	V	I	G	B	A	O	S	T	R	V	O	E	A	F
T	E	D	A	L	L	L	T	H	B	O	L	G	R	E
N	R	I	N	G	T	B	P	I	S	C	P	I	G	R
O	V	R	S	T	A	J	I	Y	K	K	T	O	U	E
K	A	E	V	I	Z	U	C	A	V	G	G	N	J	J
C	R	M	E	D	H	P	Z	E	И	T	E	A	A	B
R	O	V	T	G	K	I	K	L	C	L	L	И	L	P

VISINU
ATLAS
GRAD
KONTINENT
ZEMLJU
VISINA
HEMISFERE
OSTRVO
MAPA
MERIDIJAN

PLANINE
SEVER
OKEAN
REGIONA
REKE
MORE
JUG
TERITORIJE
ZAPAD
SVET

97 - Jazz

T	И	G	Z	U	A	L	P	A	I	P	I	N	Z	V
R	A	I	C	H	R	L	O	J	G	Y	C	O	A	S
E	T	L	M	T	M	F	Z	O	H	P	T	V	K	T
C	I	S	E	P	K	I	N	T	E	M	U	A	I	A
N	R	T	M	N	R	K	A	S	A	L	G	A	N	R
O	O	I	G	V	A	O	T	S	D	T	P	M	H	I
K	V	L	Y	V	T	T	V	D	A	A	N	S	E	V
M	A	T	I	R	S	Y	D	I	K	S	N	E	T	E
Z	F	D	J	L	E	И	O	B	Z	C	T	P	H	J
D	И	L	Z	K	K	M	U	B	L	A	V	A	L	N
G	F	C	M	Z	R	C	E	E	H	И	C	K	V	B
R	O	T	I	Z	O	P	M	O	K	D	H	I	L	U
V	F	O	F	Y	H	K	H	O	R	H	U	Z	J	B
H	M	A	O	C	J	T	R	E	B	I	Y	U	F	E
D	U	N	A	F	A	B	C	O	G	P	G	M	C	B

ALBUM
APLAUZ
UMETNIK
KOMPOZITOR
SASTAV
KONCERT
BUBNJEVI
NAGLASAK
POZNAT
FAVORITA
IMPROVIZACIJE
MUZIKA
NOVA
STARI
ORKESTAR
RITAM
PESMA
STIL
TALENAT
TEHNIKA

98 - Nature

G	A	J	L	V	I	D	R	S	P	D	D	G	L	T
Ž	L	A	F	I	D	I	N	A	M	I	Č	A	N	R
C	I	E	F	J	Š	Š	U	M	A	E	P	L	S	O
T	C	V	Č	S	J	Ć	D	T	O	D	M	G	P	P
Z	A	G	O	E	N	И	E	K	E	R	D	A	O	S
Z	L	S	N	T	R	L	E	P	O	T	A	M	K	K
J	B	N	G	V	I	E	R	O	Z	I	J	E	O	E
R	O	U	O	P	B	N	D	S	C	B	V	N	J	B
A	R	K	T	I	K	O	J	D	P	P	I	I	A	S
M	I	R	N	O	R	T	T	E	И	Č	T	N	N	P
P	U	S	T	I	N	J	I	I	F	E	A	A	V	C
S	V	E	T	I	L	I	Š	T	E	L	L	L	F	R
C	P	K	D	Z	P	L	F	S	И	E	N	P	P	A
K	T	E	P	Y	F	Y	J	Z	Z	J	I	K	N	I
Z	H	Z	J	M	P	Z	И	C	F	O	I	T	N	D

ŽIVOTINJE
ARKTIK
LEPOTA
PČELE
OBLACI
PUSTINJI
DINAMIČAN
EROZIJE
MAGLA
LIŠĆE
ŠUMA
GLEČER
PLANINE
MIRNO
REKE
SVETILIŠTE
SPOKOJAN
TROPSKE
VITALNI
DIVLJA

99 - Vacation #2

S	P	P	P	L	A	Ž	A	M	T	P	A	V	Z	A
И	L	R	И	E	N	I	N	A	L	P	B	P	C	E
U	N	E	P	T	D	F	M	E	K	O	B	M	Z	R
F	И	V	F	O	E	H	M	M	R	J	H	P	N	O
Y	Y	O	R	H	A	J	C	A	N	A	R	T	S	D
T	F	Z	O	V	A	K	N	P	V	I	Z	A	E	R
B	A	V	E	T	U	P	O	A	A	A	A	K	N	O
I	U	K	F	И	N	S	F	K	V	O	E	R	O	M
P	J	N	S	O	D	M	O	R	L	O	J	Z	S	K
N	A	U	L	I	N	A	R	T	S	Š	P	J	A	H
A	V	S	O	S	T	R	V	O	T	A	D	M	V	J
L	M	R	O	E	F	I	K	N	I	T	G	H	A	R
S	A	E	T	Š	I	D	E	R	D	O	V	N	A	K
S	L	O	B	O	D	N	O	И	D	R	N	K	N	C
P	U	T	O	V	A	N	J	E	O	J	D	N	M	D

AERODROM
PLAŽA
KAMPOVANJE
ODREDIŠTE
STRANI
STRANAC
ODMOR
HOTEL
OSTRVO
PUTOVANJE
SLOBODNO
MAPA
PLANINE
PASOŠ
MORE
TAKSI
ŠATOR
VOZ
PREVOZ
VIZA

100 - Electricity

T	E	N	G	A	M	S	I	J	A	L	I	C	A	E
A	E	C	I	Ž	R	E	S	A	L	B	A	K	R	K
K	J	L	L	Z	E	G	E	N	E	R	A	T	O	R
H	I	O	E	J	Ž	O	P	H	M	P	R	T	P	A
C	R	P	P	V	A	S	B	Z	G	V	F	E	A	Č
V	E	O	U	R	I	A	K	R	I	B	D	L	A	I
U	T	Z	K	P	E	Z	L	L	N	S	E	E	M	R
T	A	I	K	Y	T	M	I	J	A	E	N	F	L	T
I	B	T	G	F	K	K	A	J	J	D	V	O	L	K
Č	O	I	P	K	E	U	V	V	A	O	I	N	L	E
N	D	V	A	S	J	L	A	M	P	A	T	Š	M	L
I	A	N	T	J	B	N	U	O	M	E	A	F	T	E
C	U	O	N	B	O	F	U	I	V	B	G	T	N	E
A	N	I	Č	I	L	O	K	I	M	R	E	O	V	L
E	L	E	K	T	R	I	Č	N	I	A	N	И	И	I

BATERIJE
SIJALICA
KABL
ELEKTRIČNI
ELEKTRIČAR
OPREMA
GENERATOR
LAMPA
LASER
MAGNET
NEGATIVNE
MREŽA
OBJEKTE
POZITIVNO
KOLIČINA
UTIČNICA
SKLADIŠTE
TELEFON
TELEVIZIJA
ŽICE

1 - Antiques

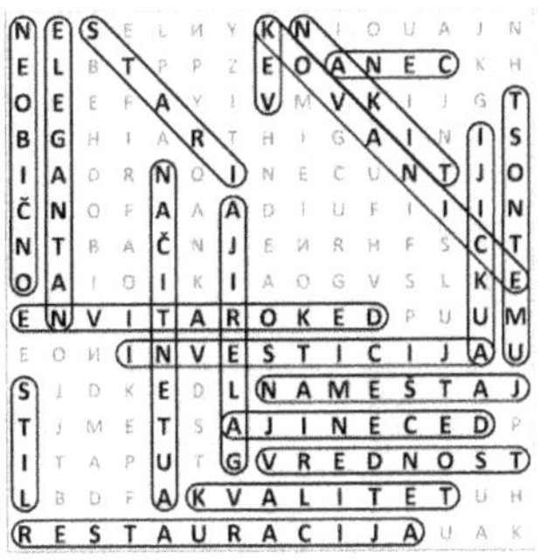

2 - Food #1

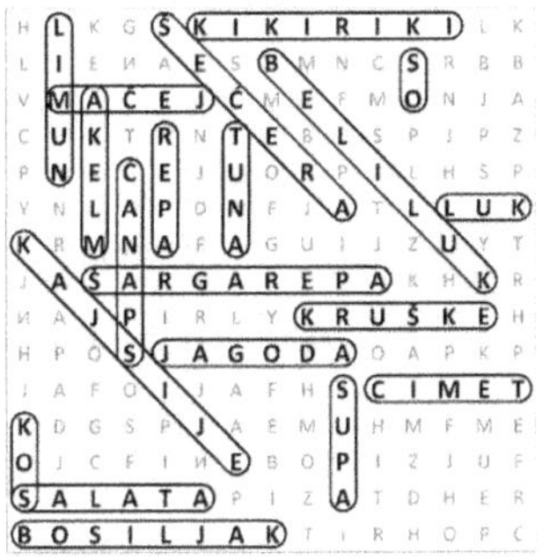

3 - Measurements

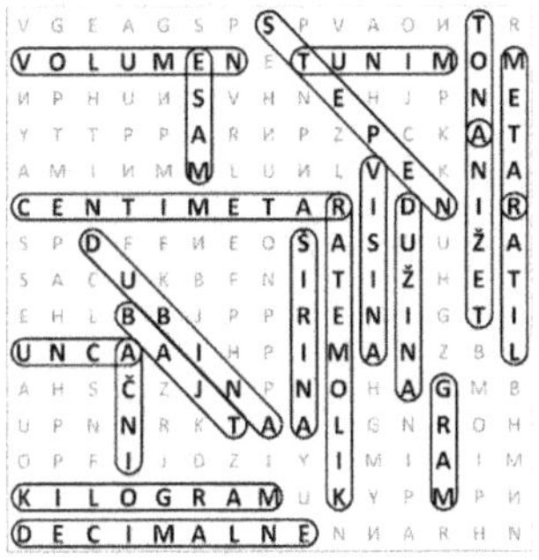

4 - Farm #2

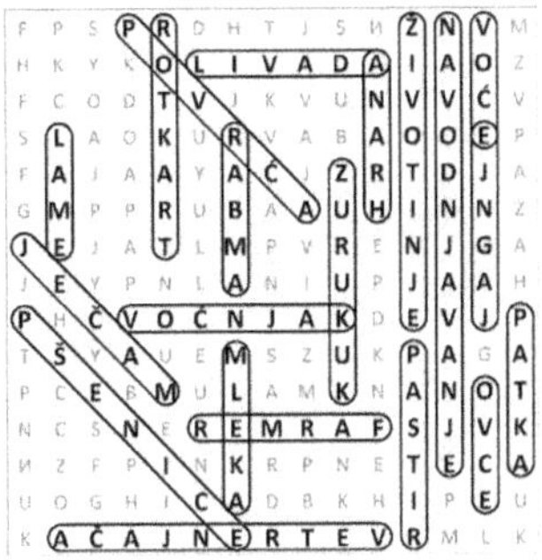

5 - Books

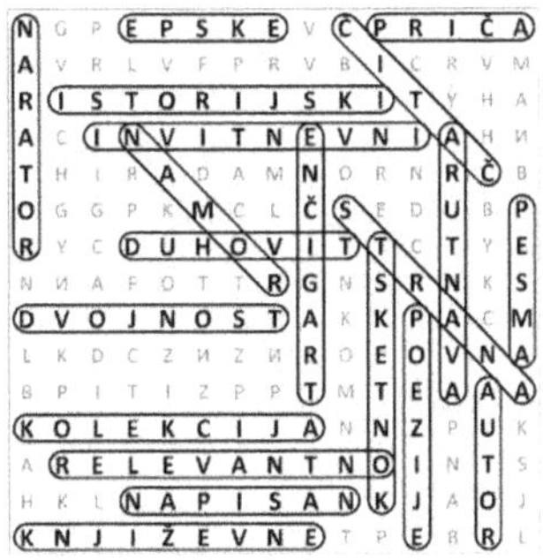

6 - Meditation

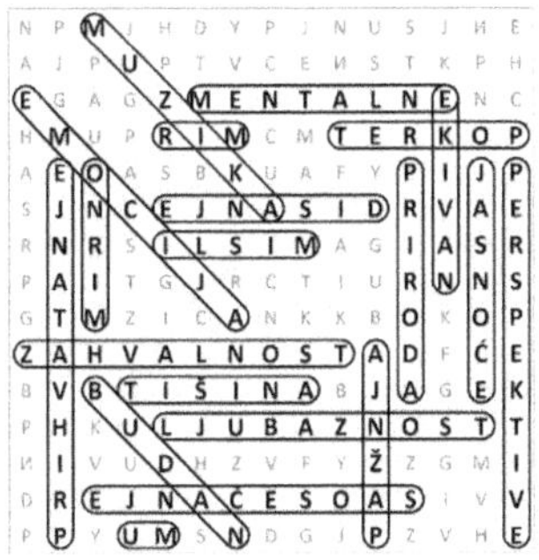

7 - Days and Months

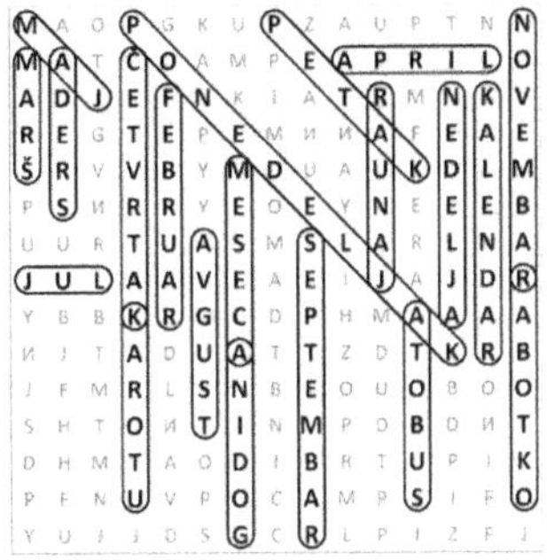

8 - Energy

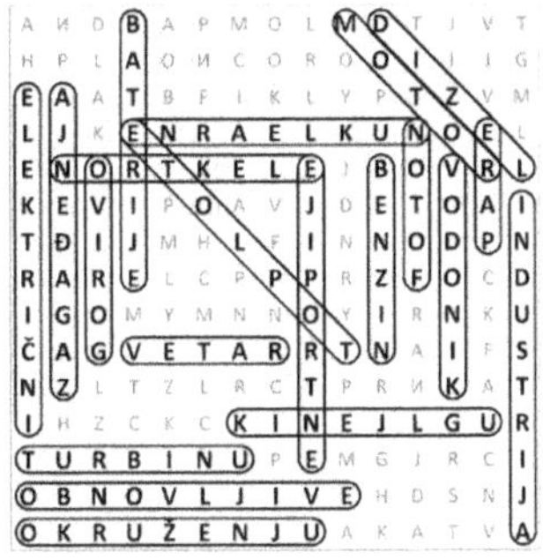

9 - Archeology

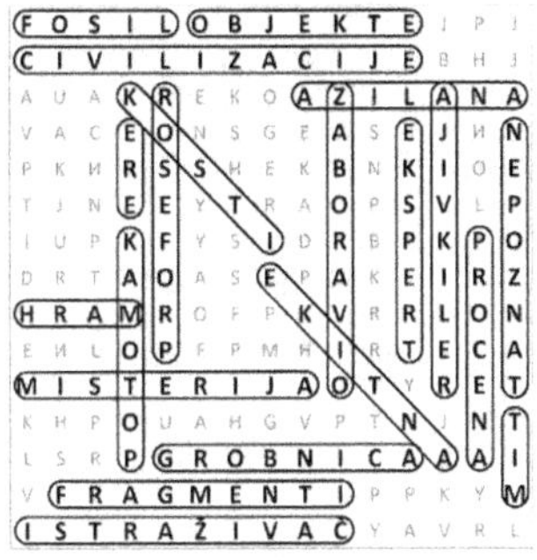

10 - Food #2

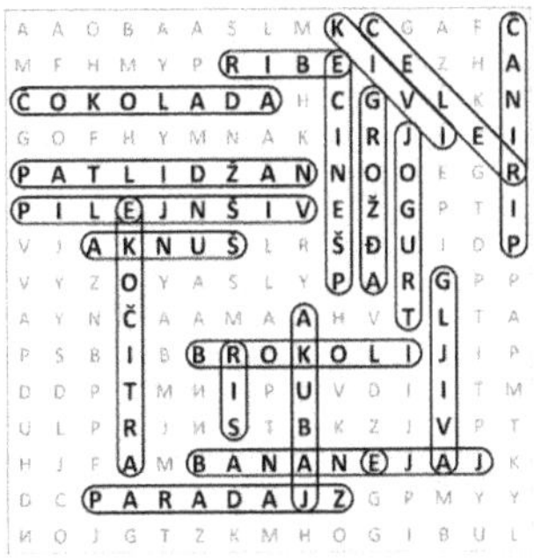

11 - Chemistry

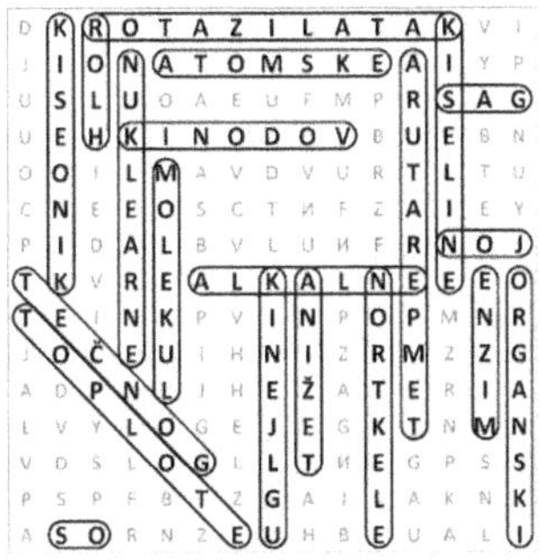

12 - Music

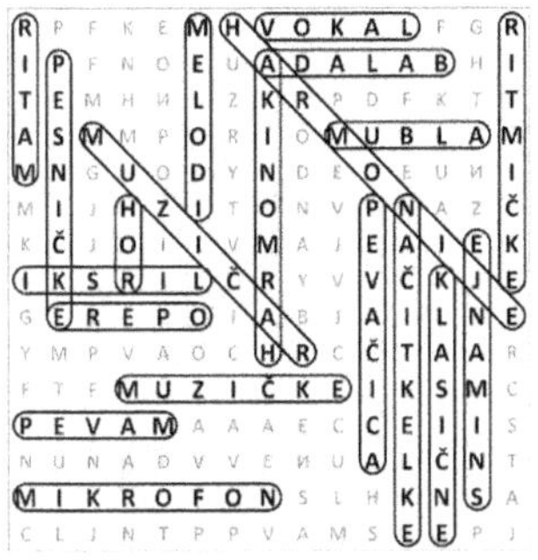

13 - Family

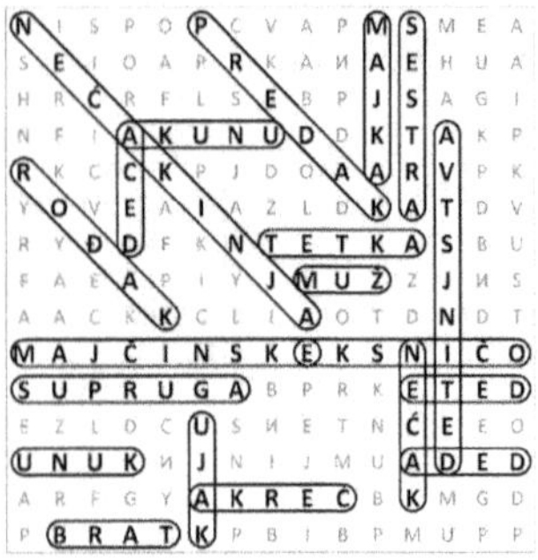

14 - Farm #1

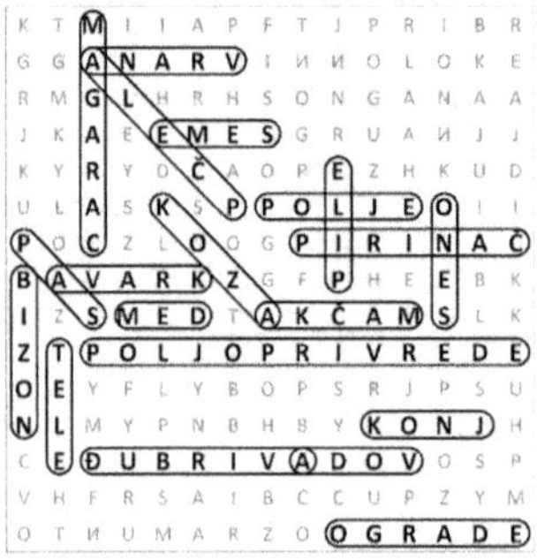

15 - Camping

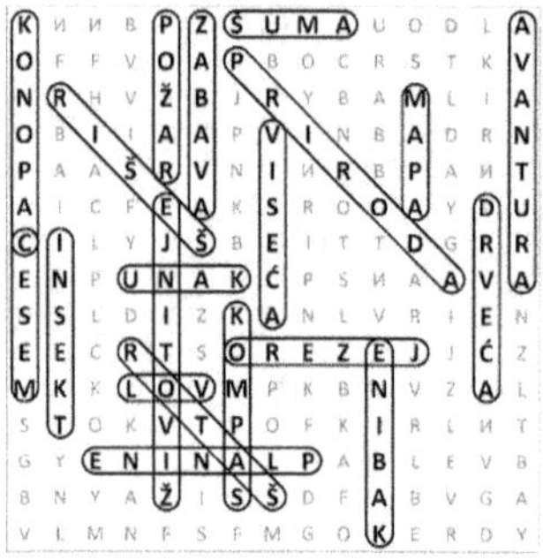

16 - Algebra

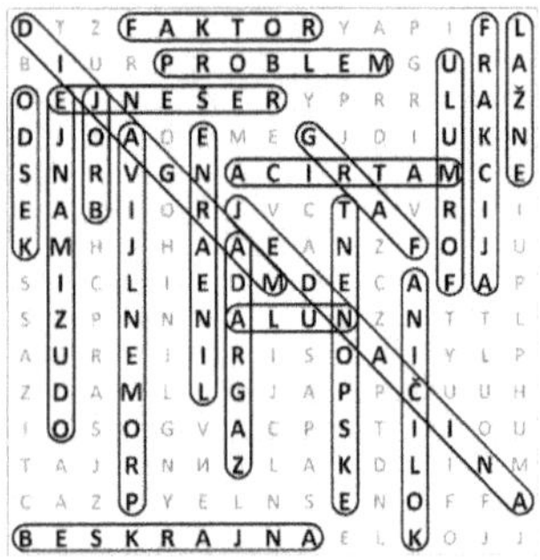

17 - Numbers

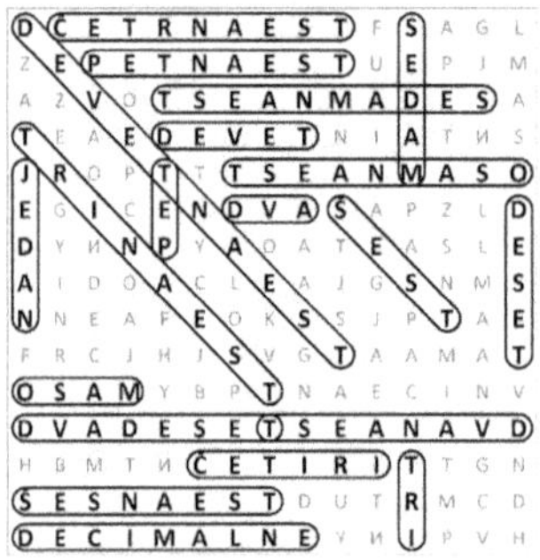

18 - Spices

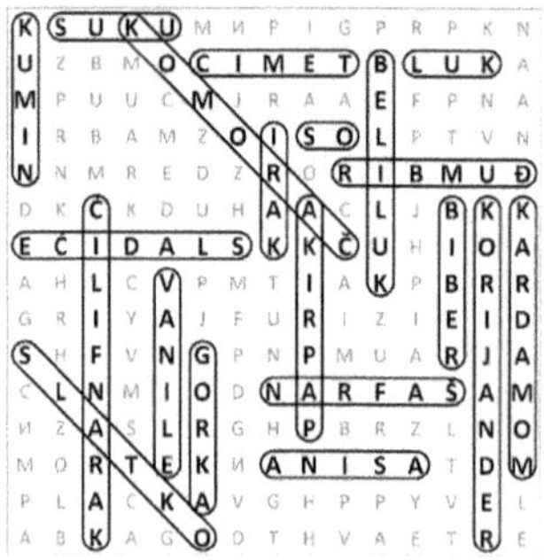

19 - Universe

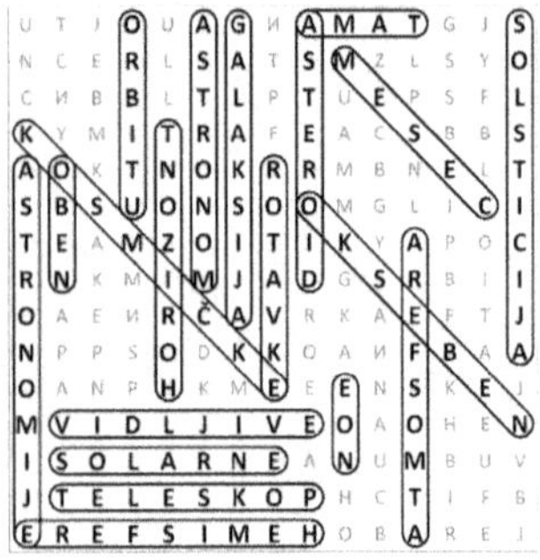

20 - Mammals

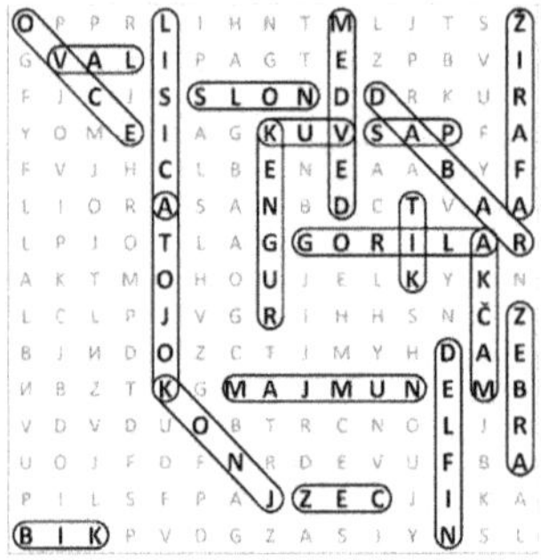

21 - Bees

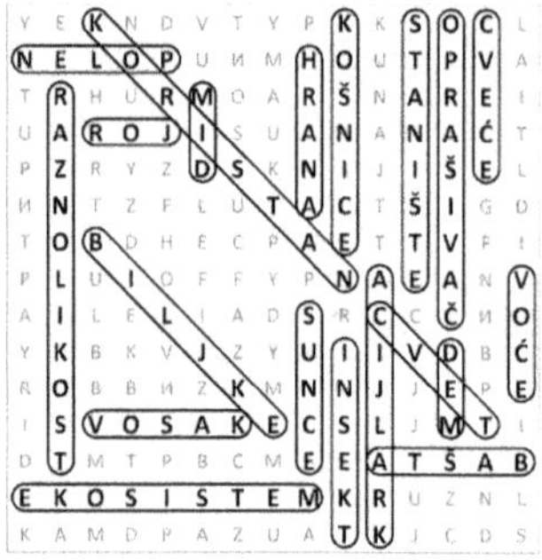

22 - Weather

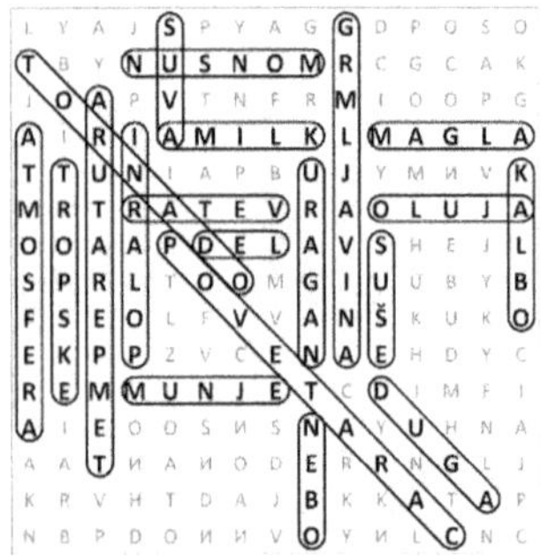

23 - Adventure

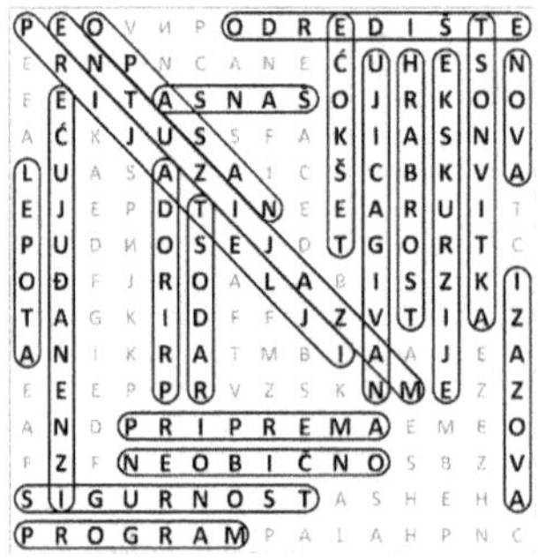

24 - Restaurant #2

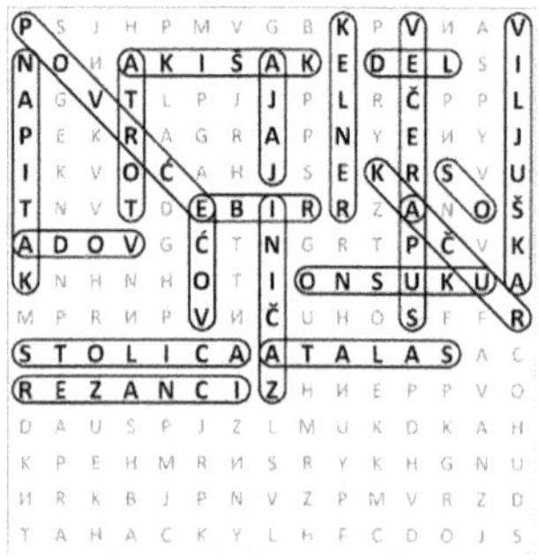

25 - Geology

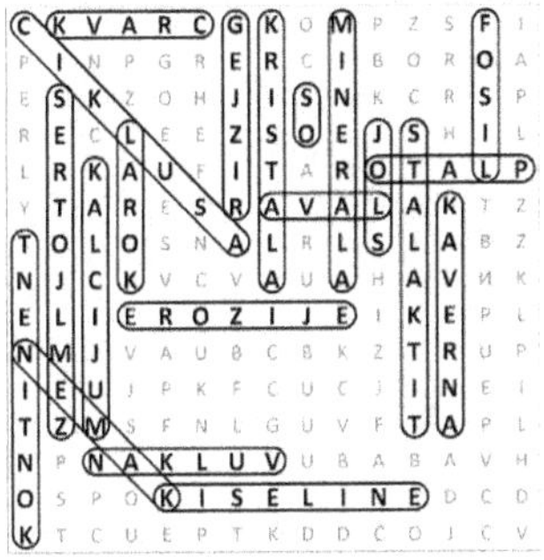

26 - House

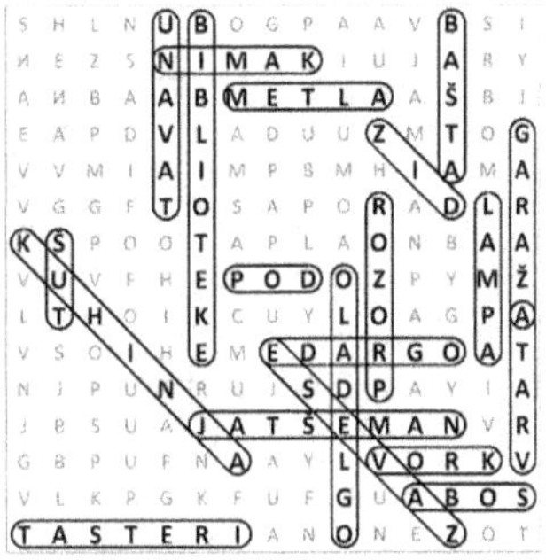

27 - Physics

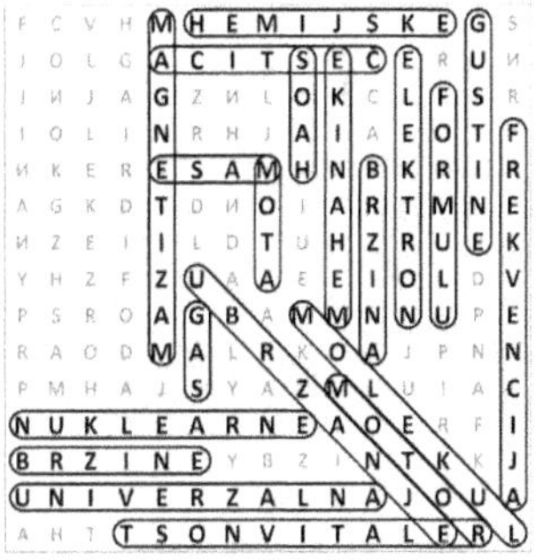

28 - Shapes

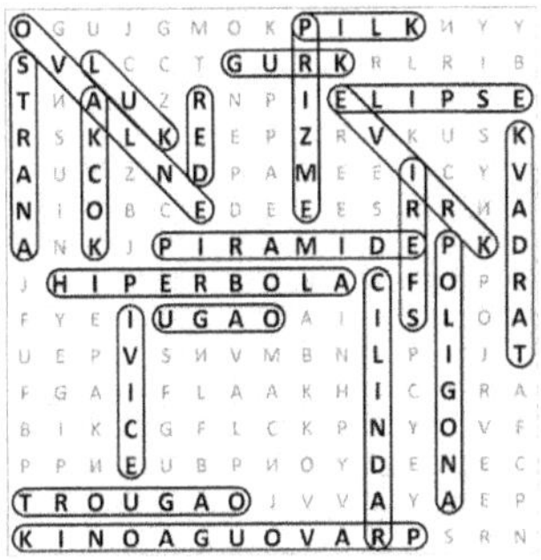

29 - Scientific Disciplines

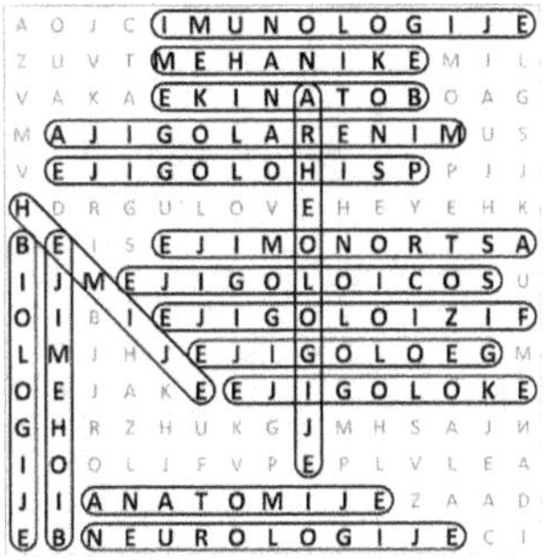

30 - Science

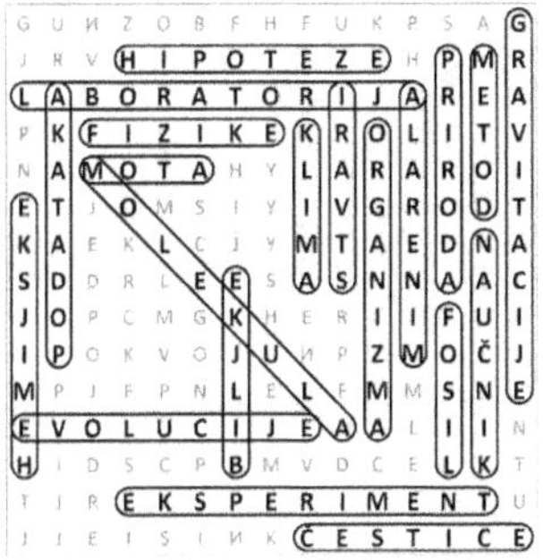

31 - Beauty

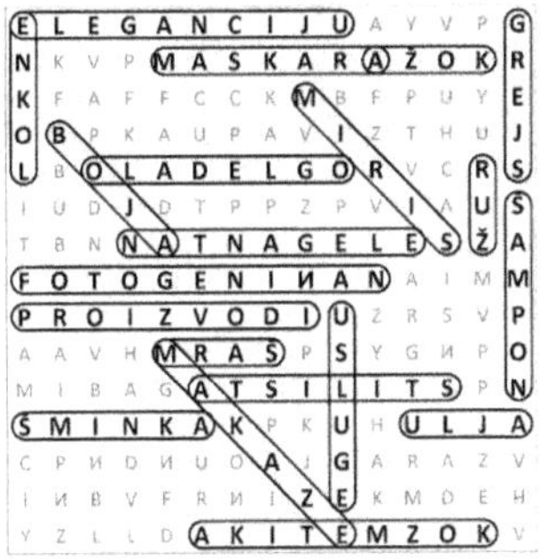

32 - Clothes

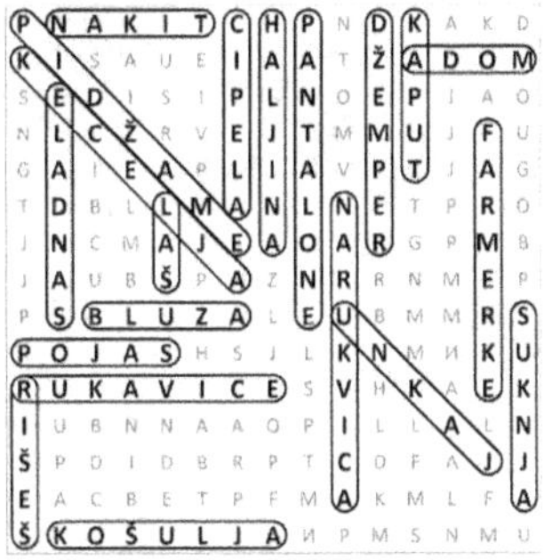

33 - Astronomy

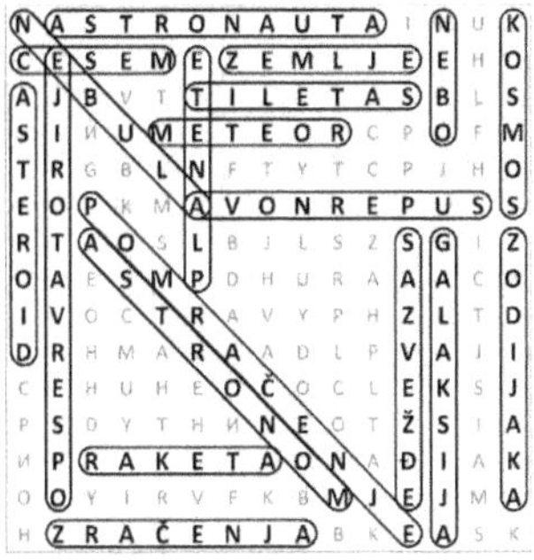

34 - Health and Wellness #2

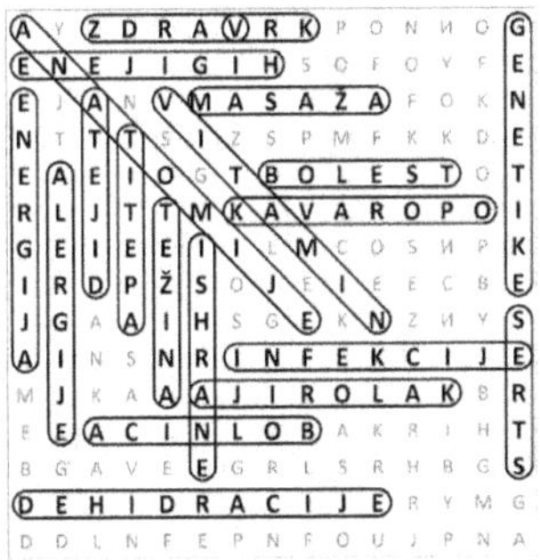

35 - Disease

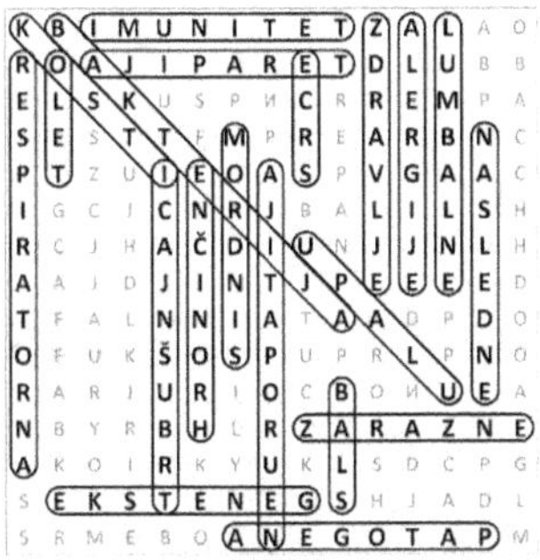

36 - Time

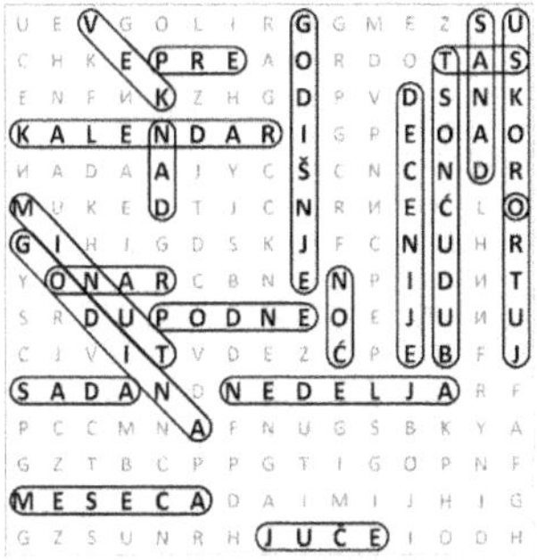

37 - Buildings

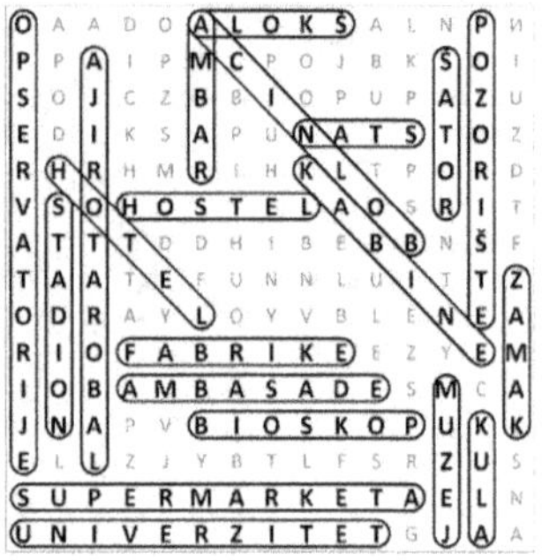

38 - Philanthropy

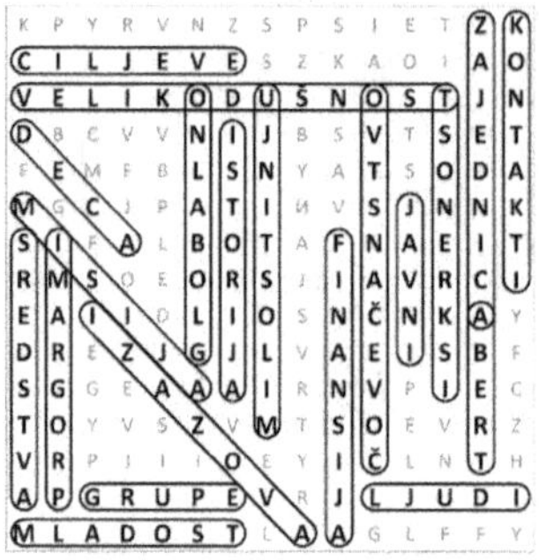

39 - Gardening

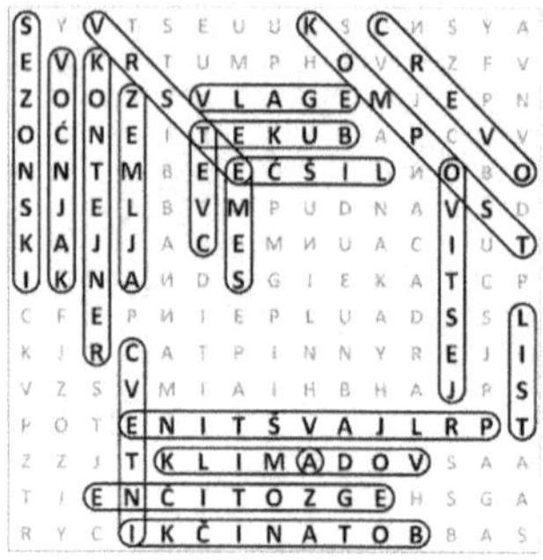

40 - Herbalism

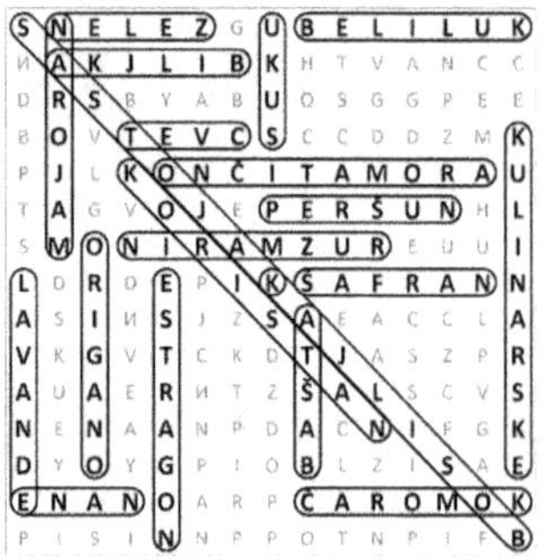

41 - Vehicles

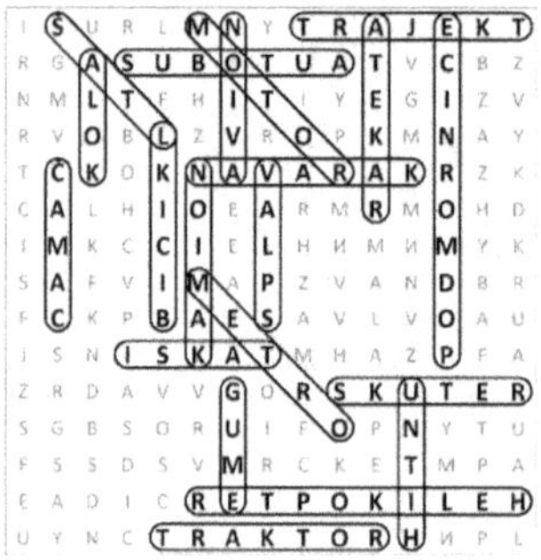

42 - Flowers

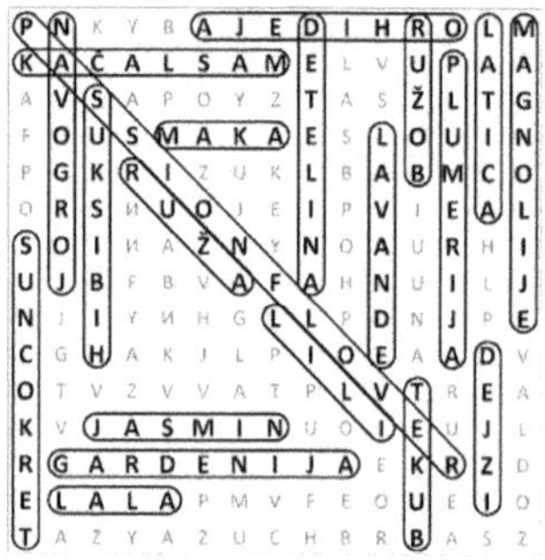

43 - Health and Wellness #1

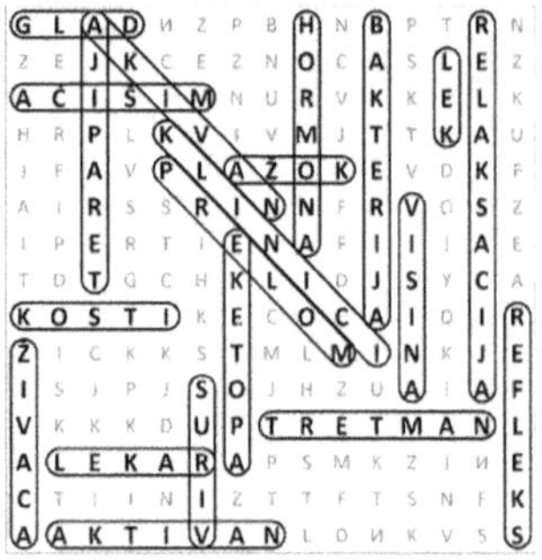

44 - Town

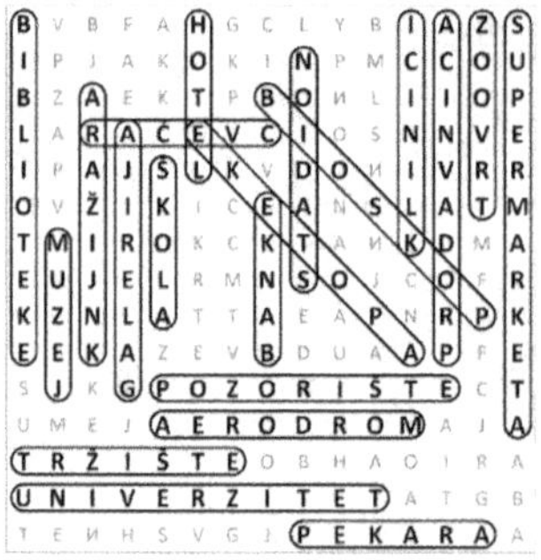

45 - Antarctica

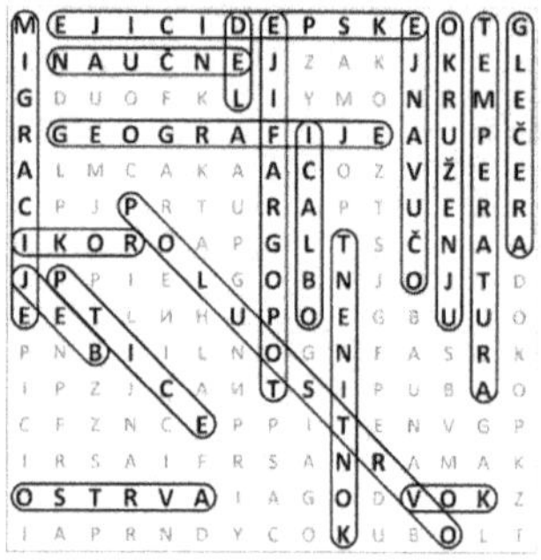

46 - Ballet

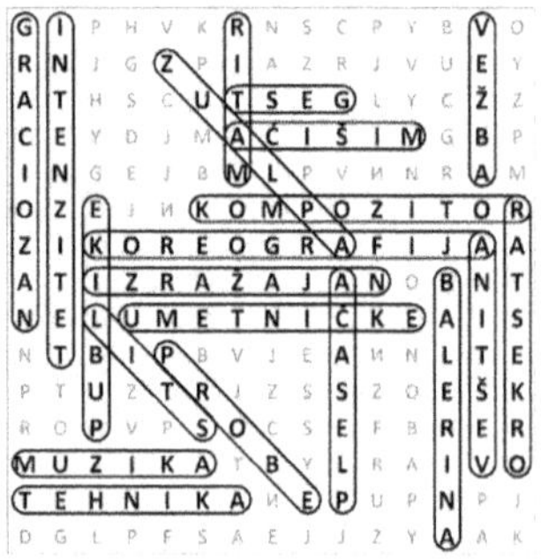

47 - Fashion

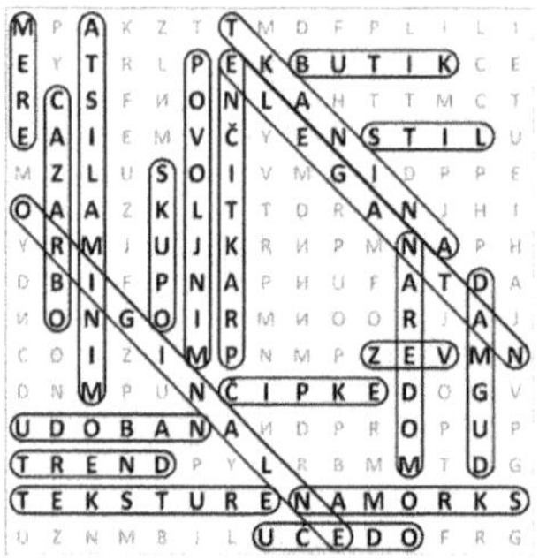

48 - Human Body

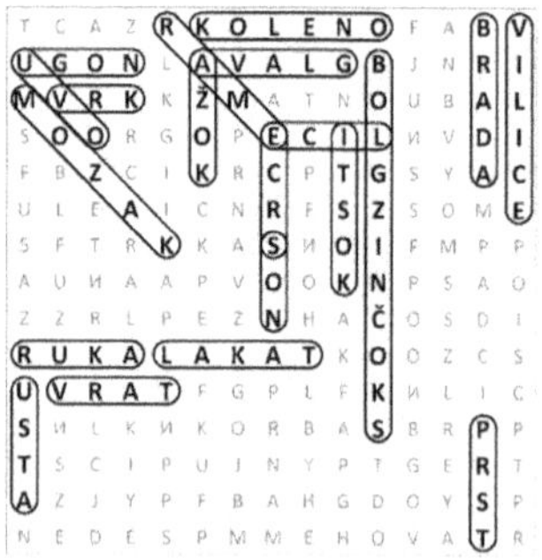

49 - Musical Instruments

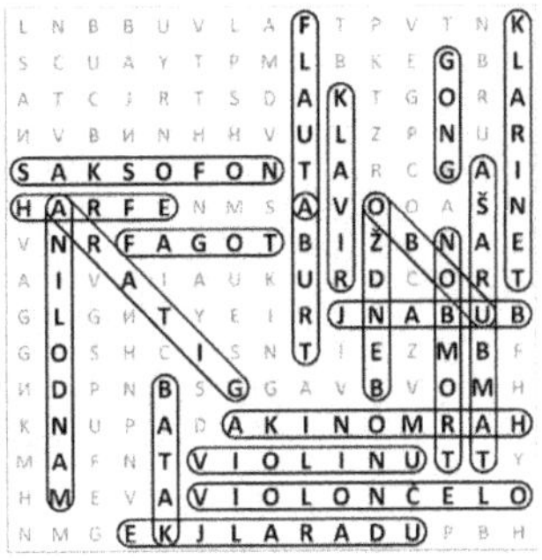

50 - Fruit

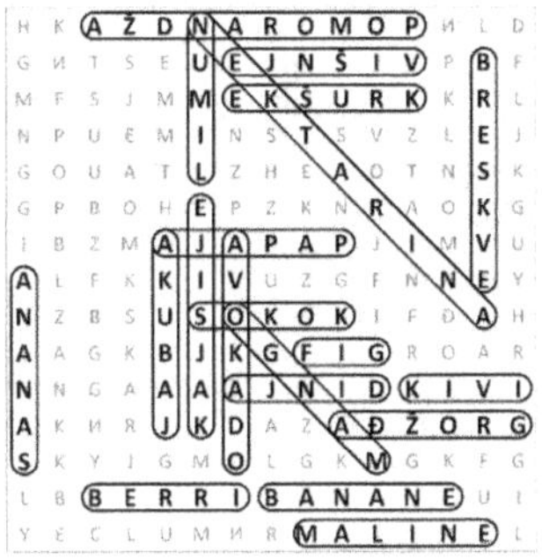

51 - Engineering

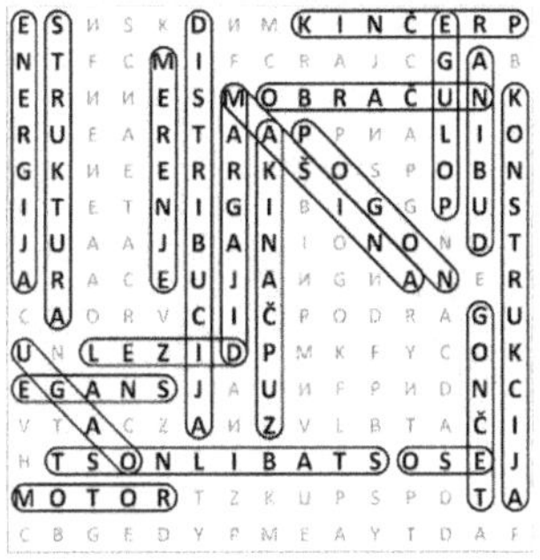

52 - Kitchen

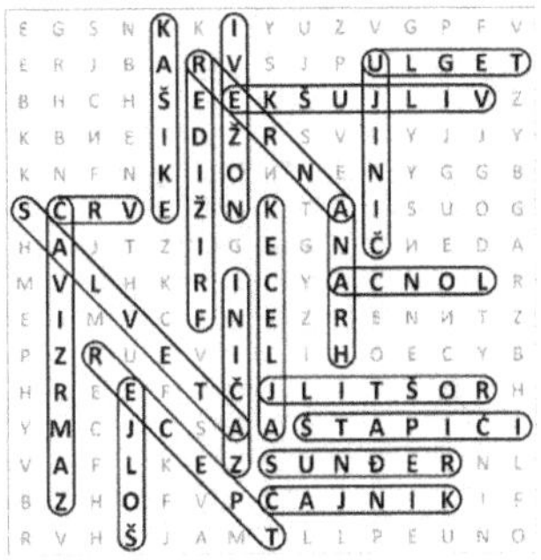

53 - Government

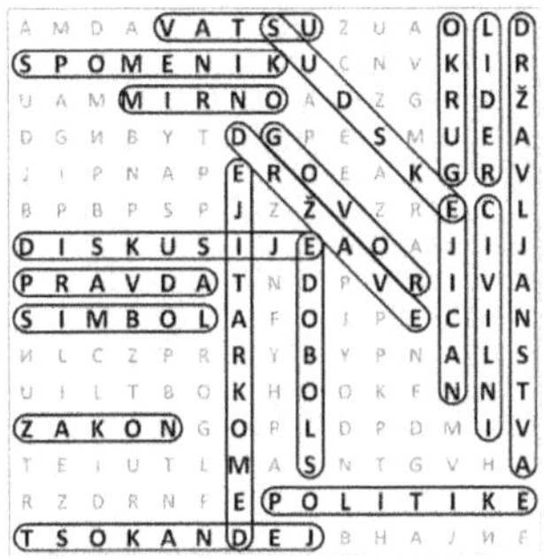

54 - Art Supplies

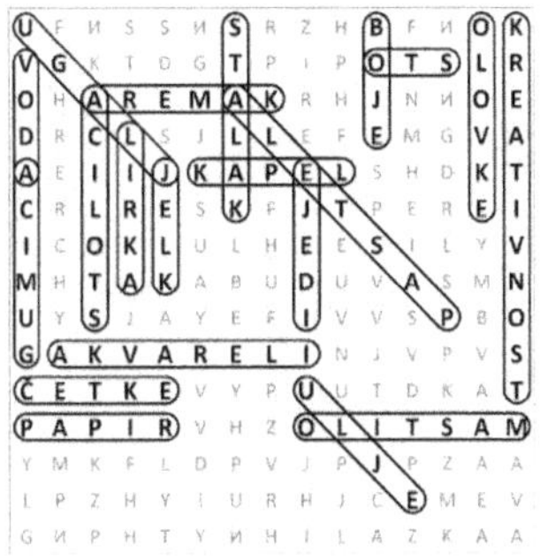

55 - Science Fiction

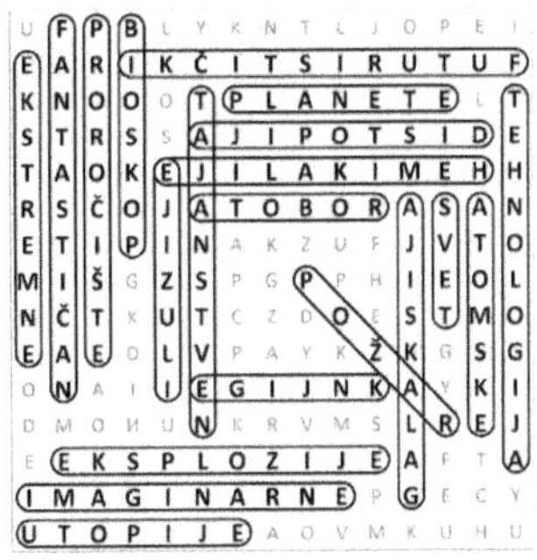

56 - Geometry

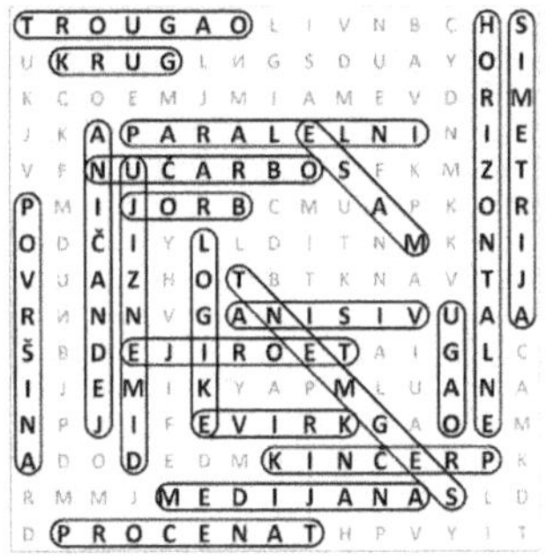

57 - Creativity

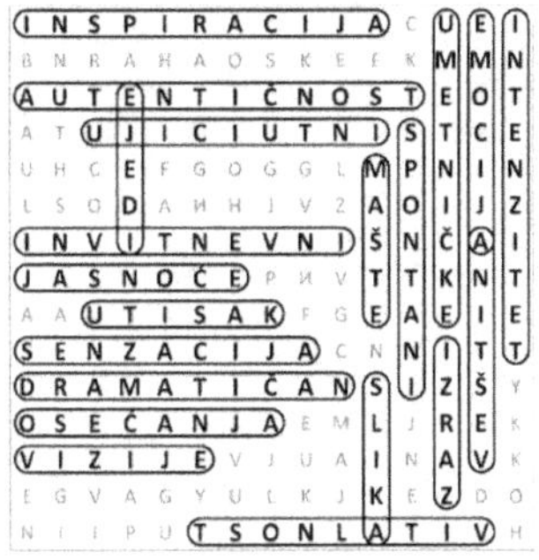

58 - Airplanes

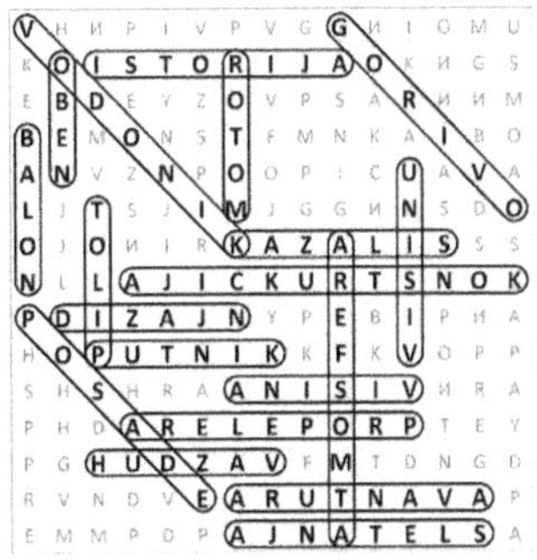

59 - Ocean

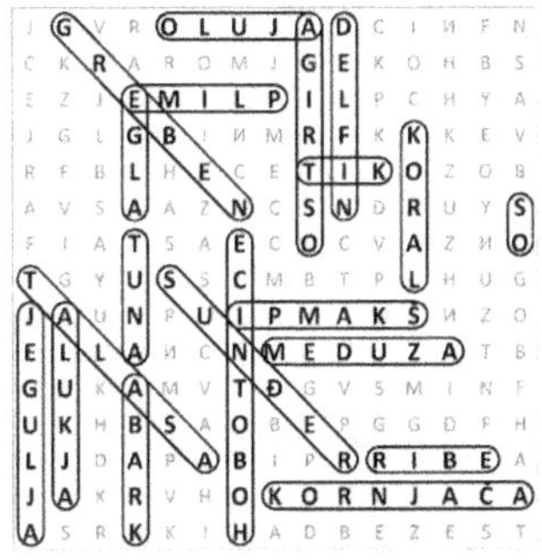

60 - Force and Gravity

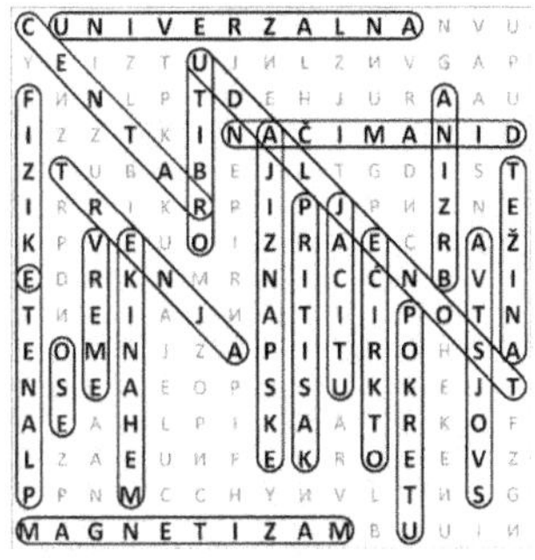

61 - Birds

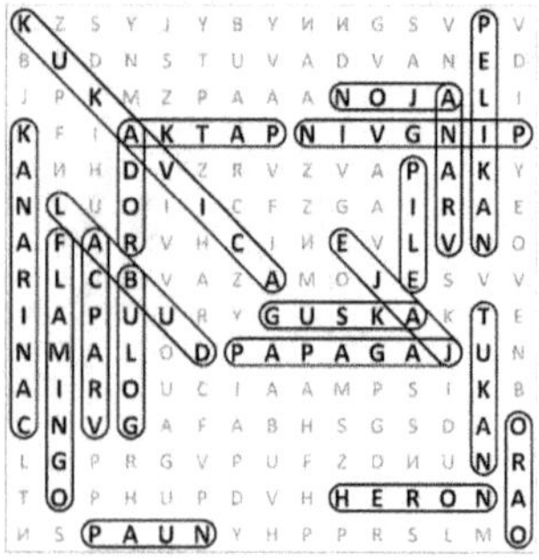

62 - Nutrition

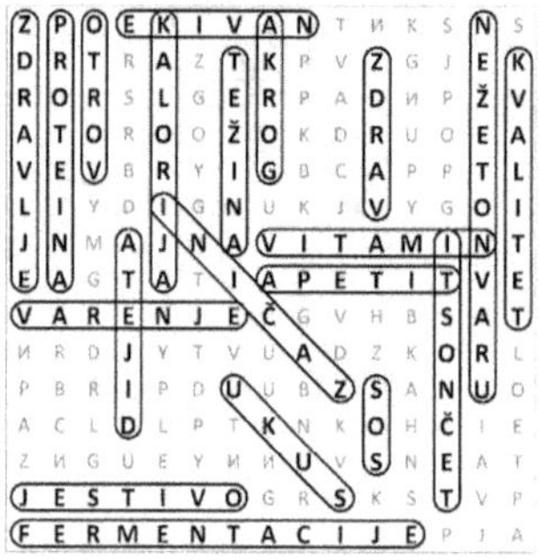

63 - Hiking

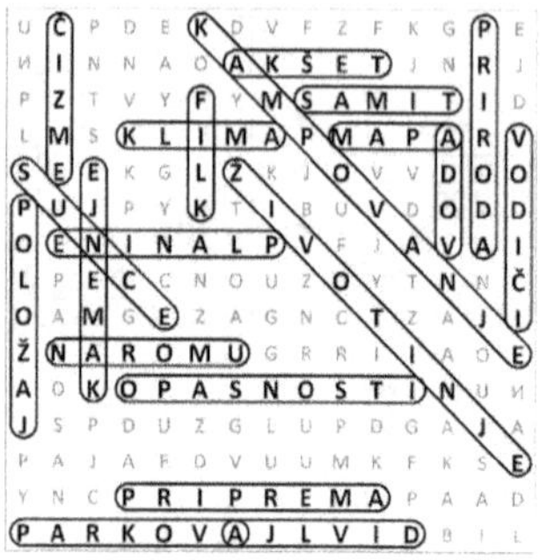

64 - Professions #1

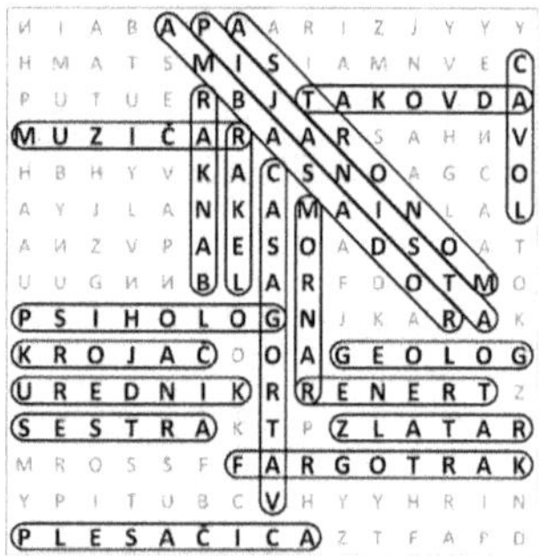

65 - Barbecues

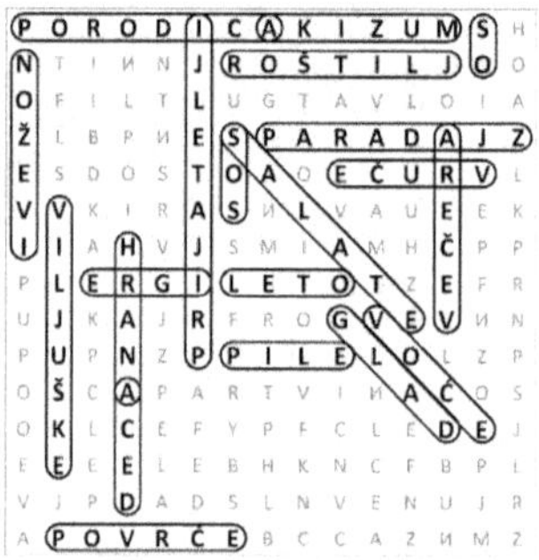

66 - Chocolate

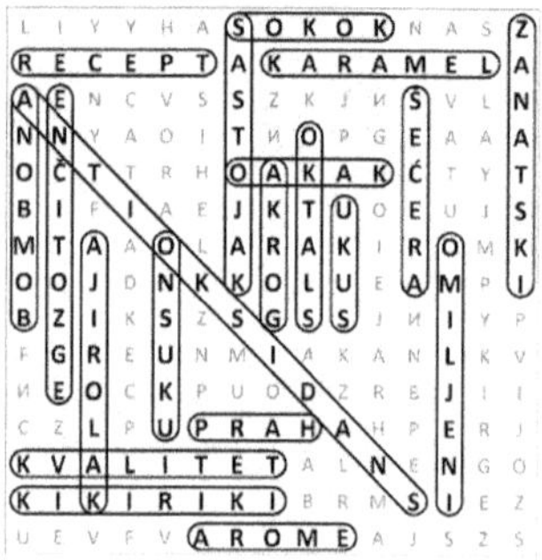

67 - Vegetables

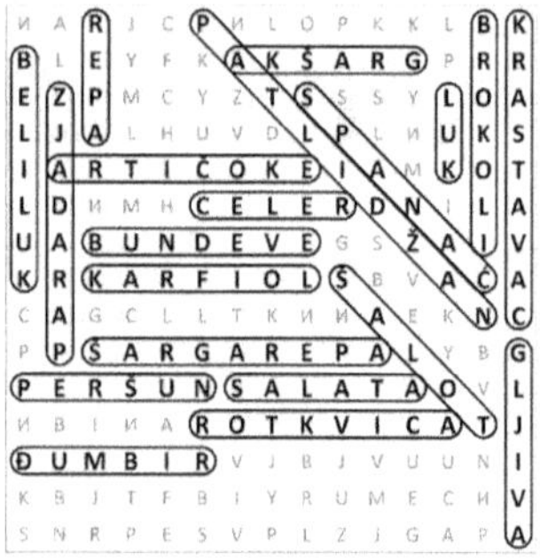

68 - The Media

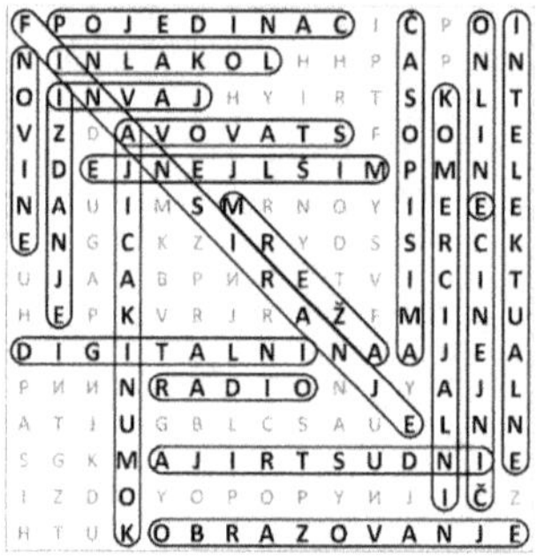

69 - Boats

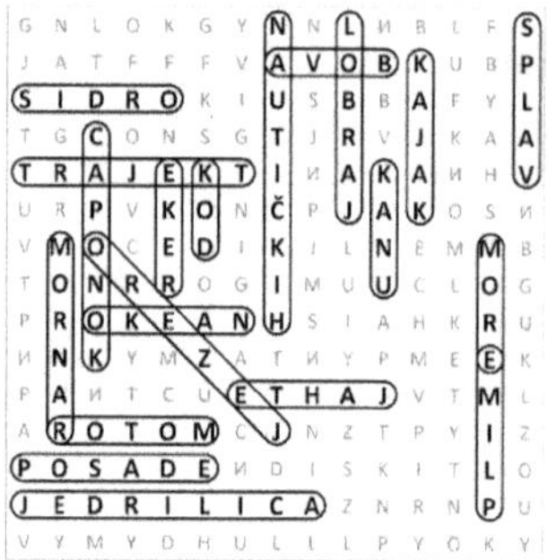

70 - Driving

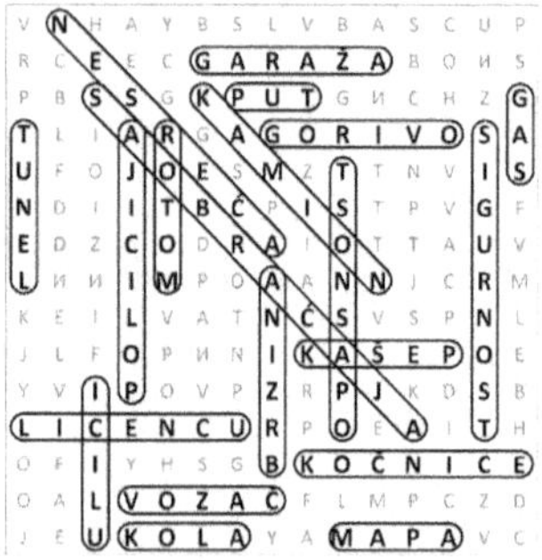

71 - Biology

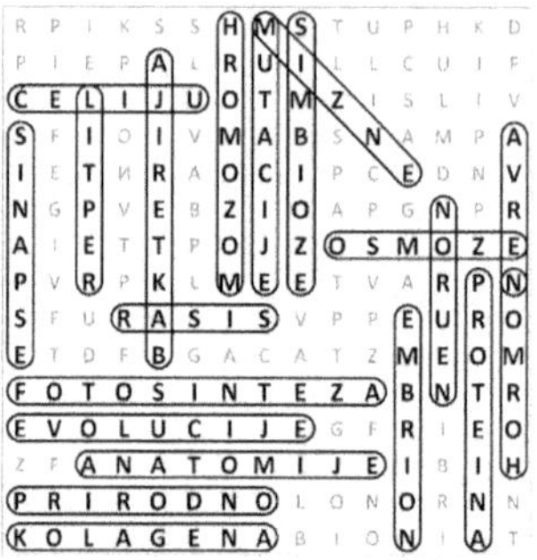

72 - Professions #2

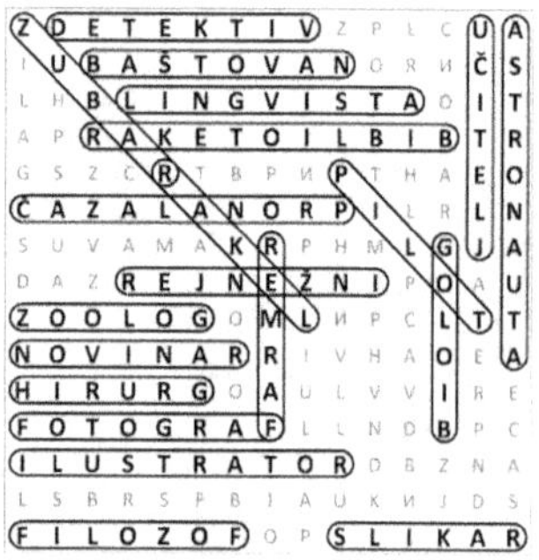

73 - Emotions

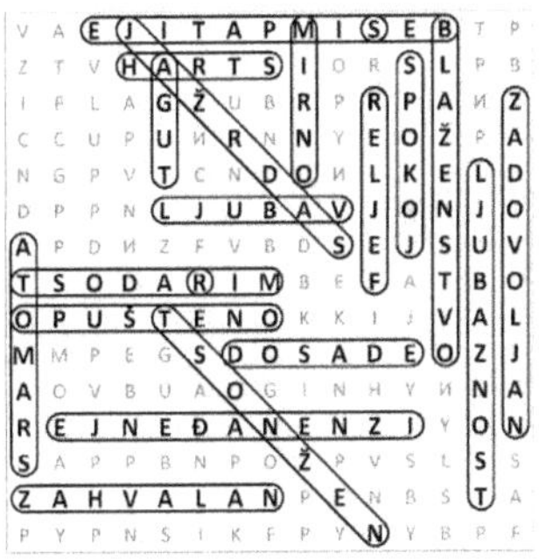

74 - Mythology

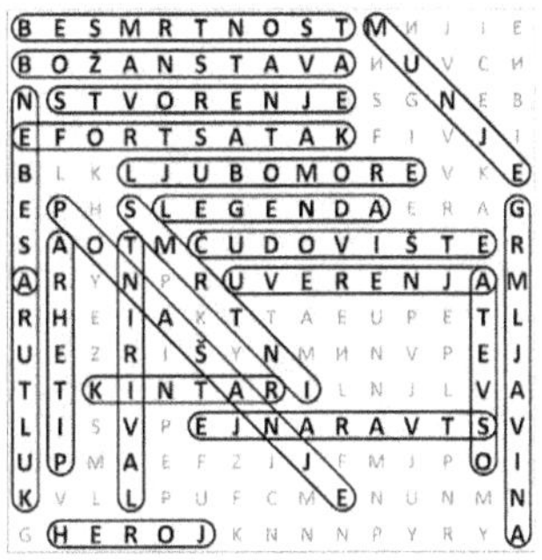

75 - Agronomy

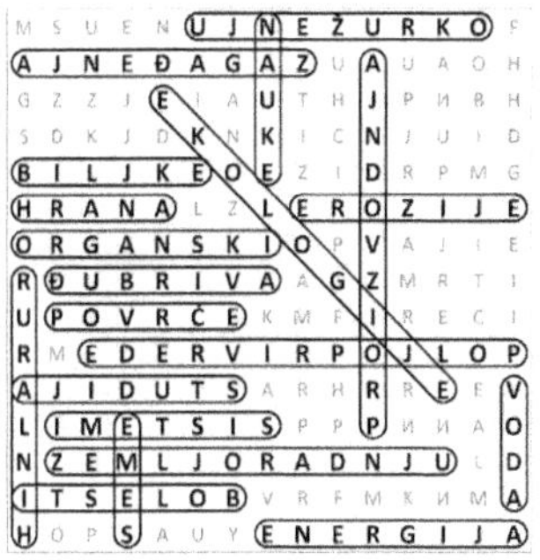

76 - Hair Types

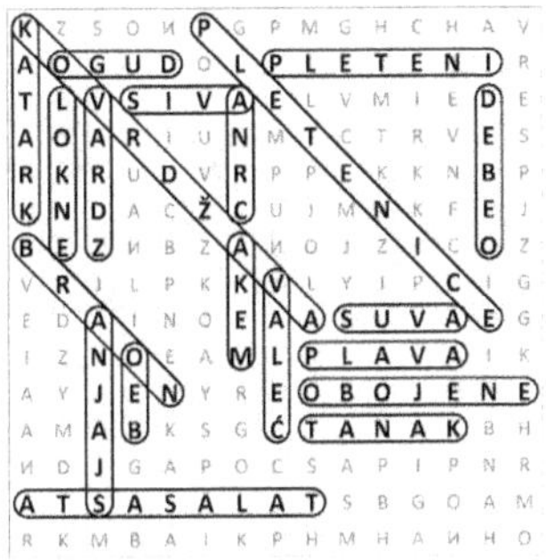

77 - Garden

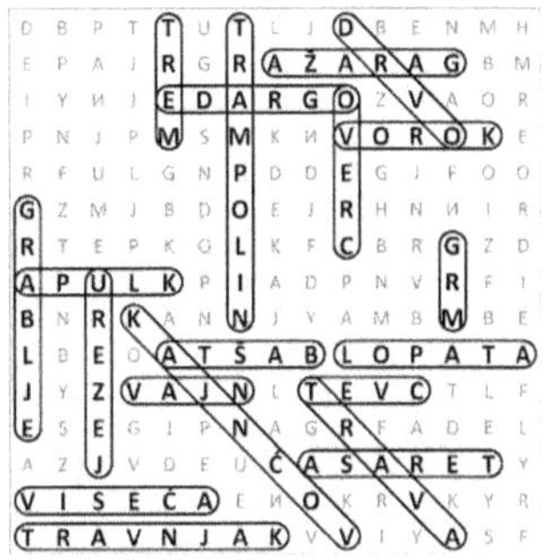

78 - Diplomacy

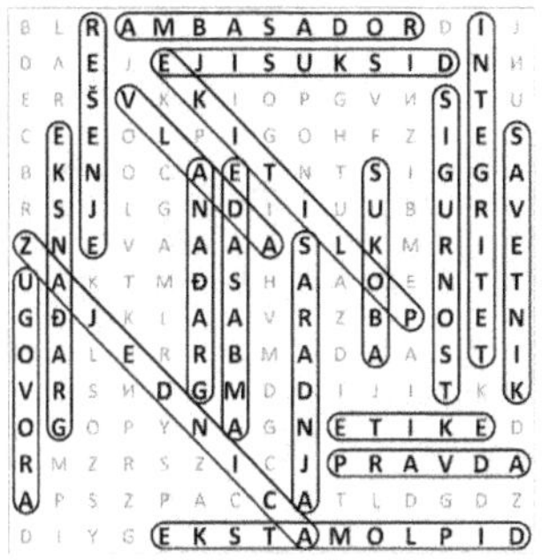

79 - Countries #1

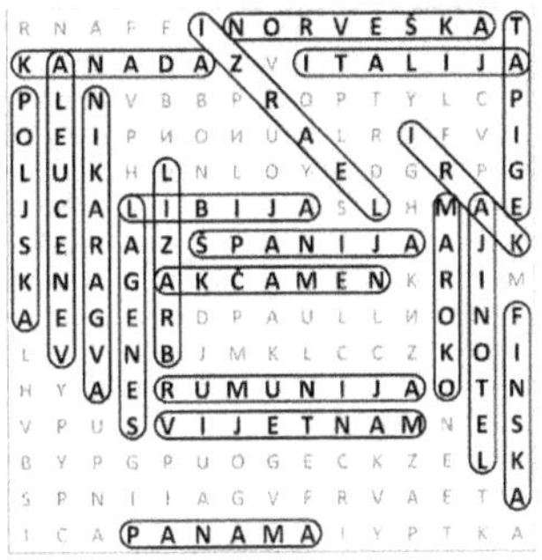

80 - Adjectives #1

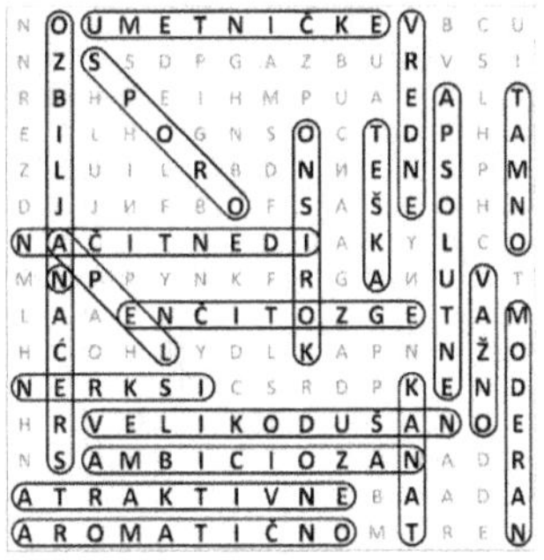

81 - Rainforest

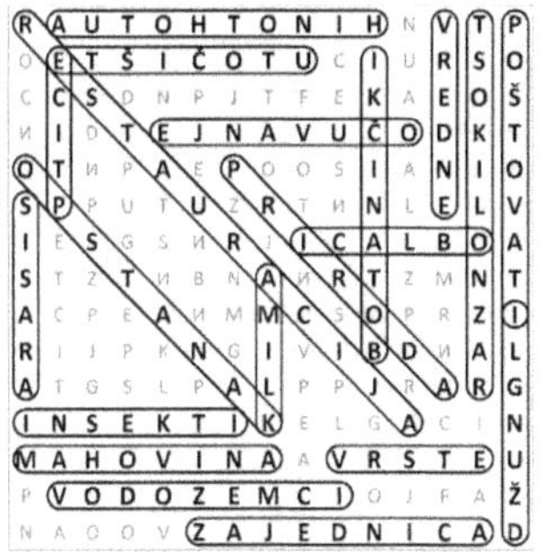

82 - Global Warming

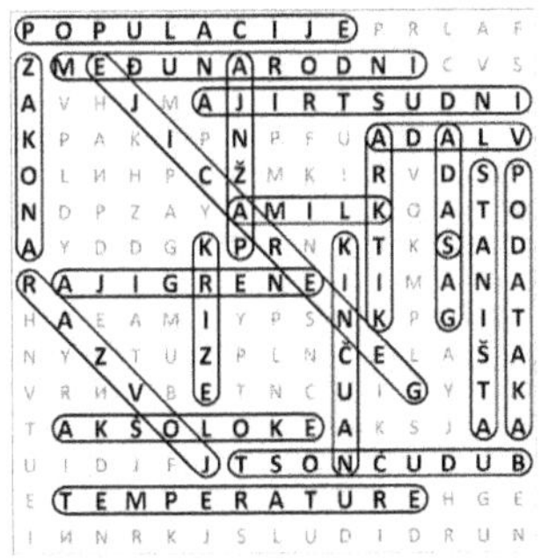

83 - Landscapes

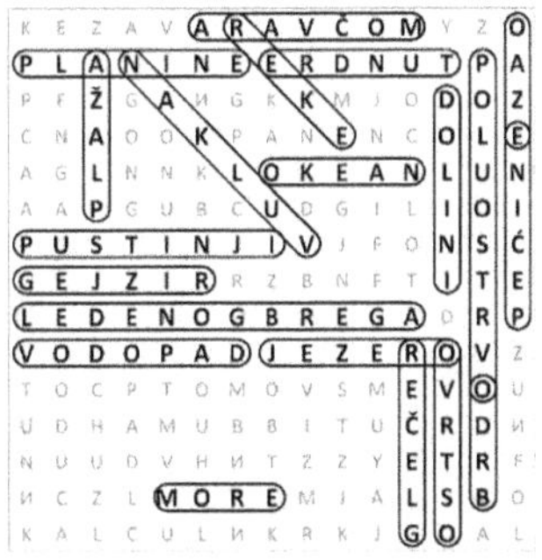

84 - Visual Arts

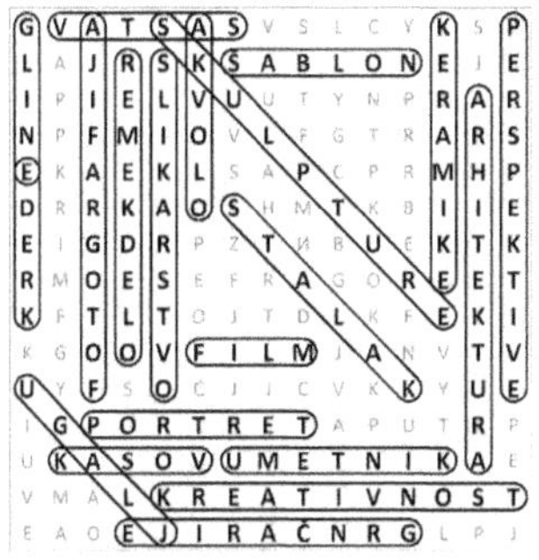

85 - Plants

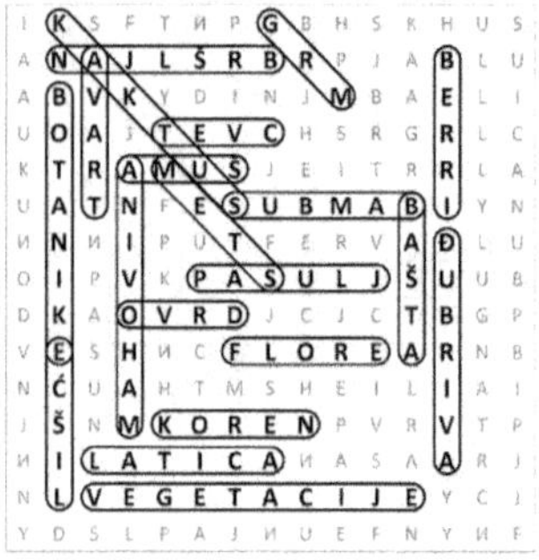

86 - Countries #2

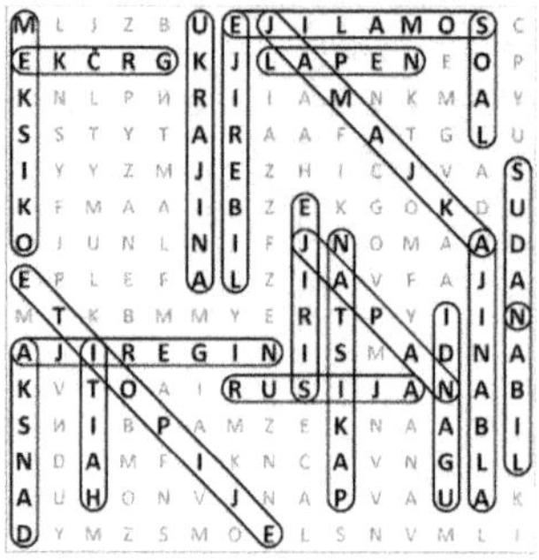

87 - Ecology

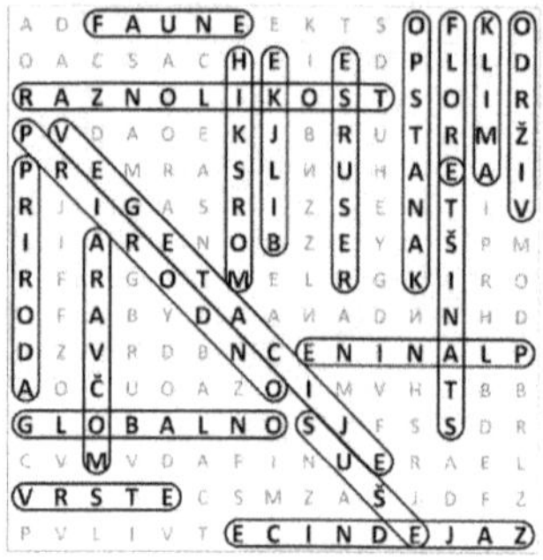

88 - Adjectives #2

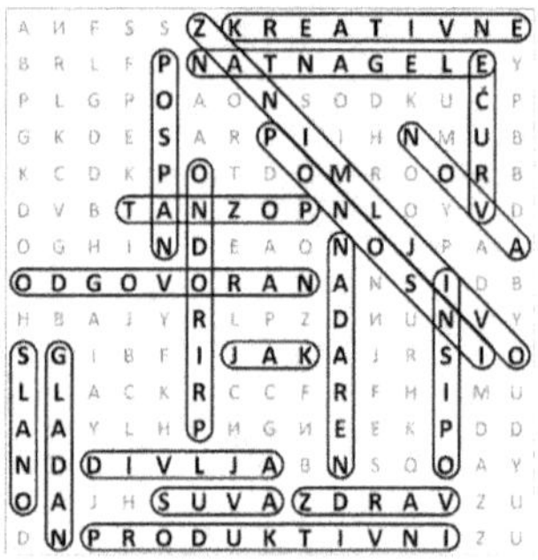

89 - Psychology

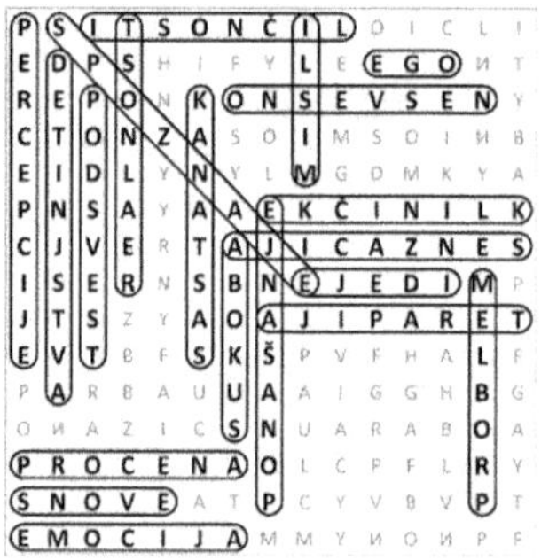

90 - Math

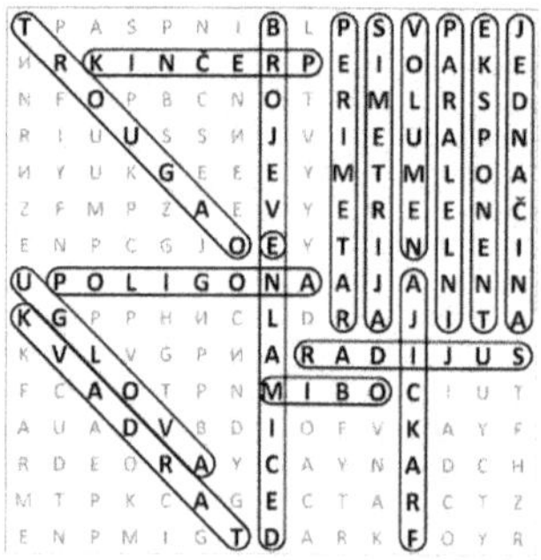

91 - Water

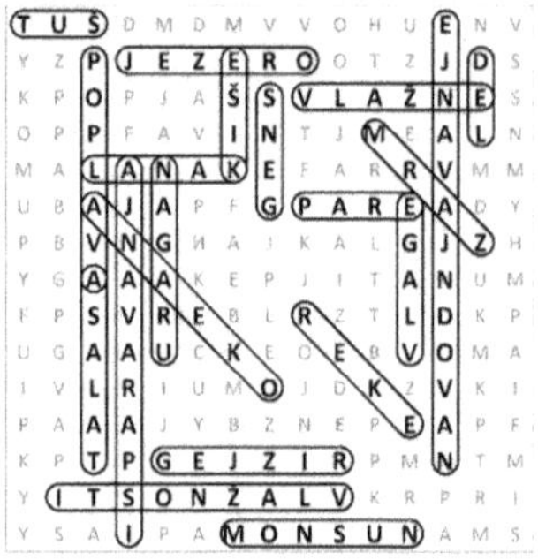

92 - Activities

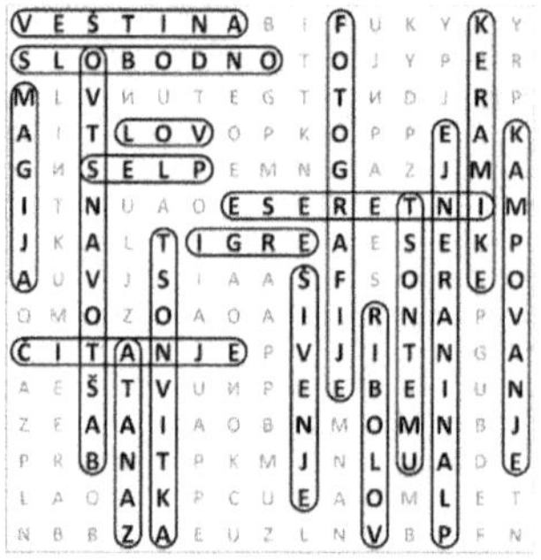

93 - Business

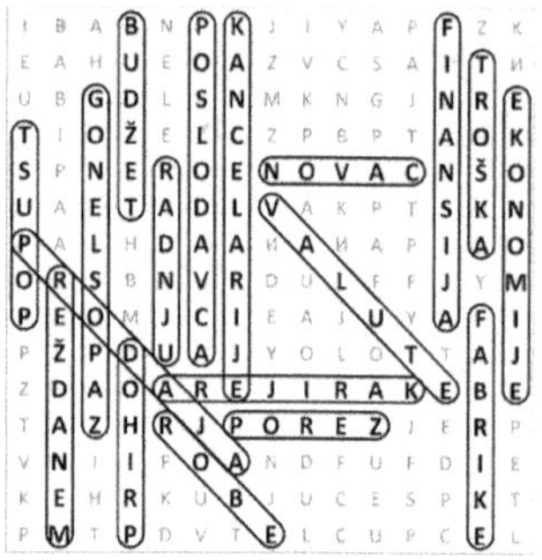

94 - The Company

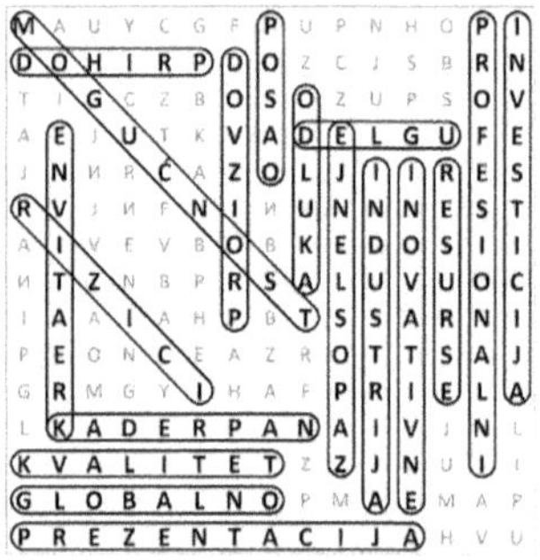

95 - Literature

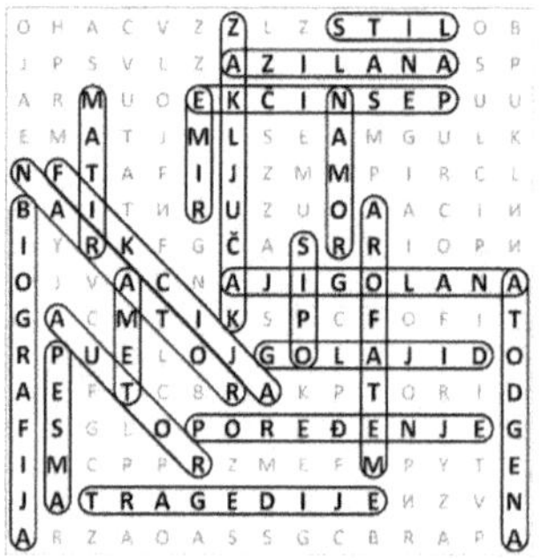

96 - Geography

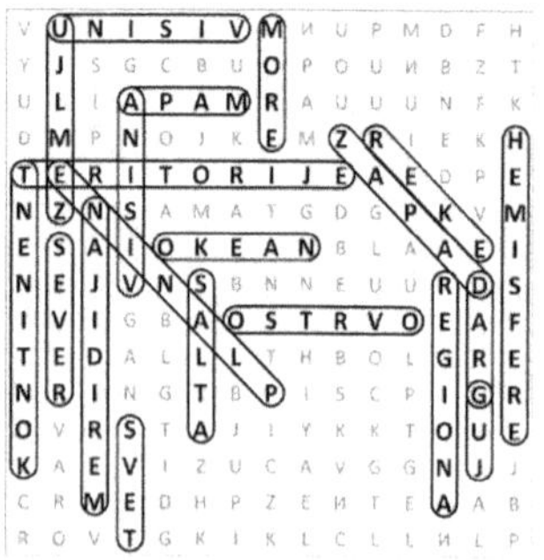

97 - Jazz

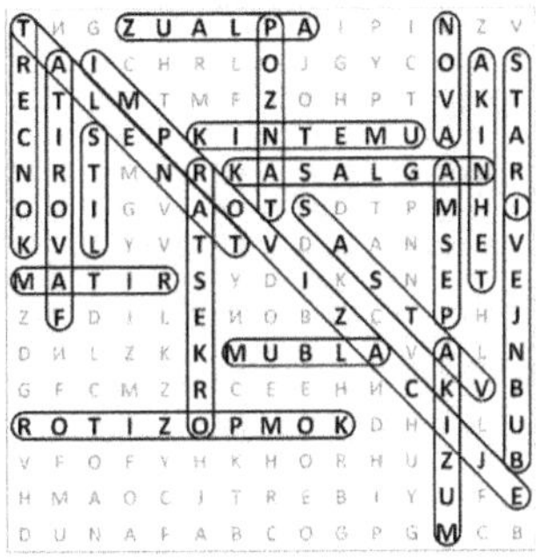

98 - Nature

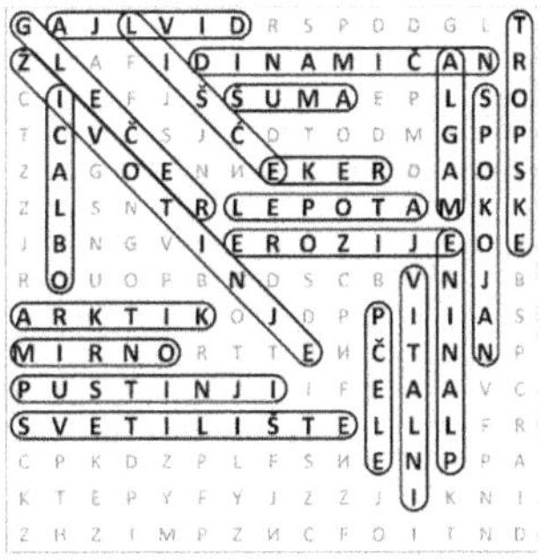

99 - Vacation #2

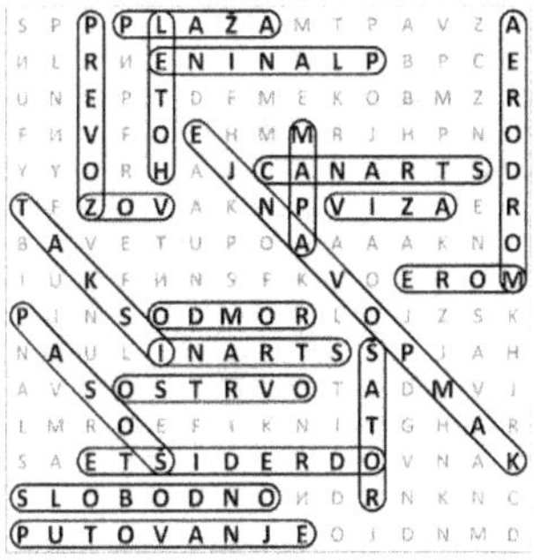

100 - Electricity

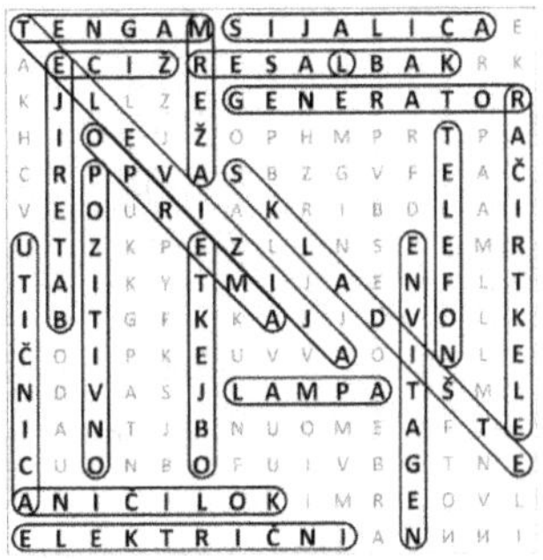

Dictionary

Activities
Aktivnosti

Activity	Aktivnost
Art	Umetnost
Camping	Kampovanje
Ceramics	Keramike
Crafts	Zanata
Dancing	Ples
Fishing	Ribolov
Games	Igre
Gardening	Baštovanstvo
Hiking	Planinarenje
Hunting	Lov
Interests	Interese
Leisure	Slobodno
Magic	Magija
Photography	Fotografije
Pleasure	Zadovoljstvo
Reading	Čitanje
Relaxation	Relaksacija
Sewing	Šivenje
Skill	Veština

Adjectives #1
Придеви Бр.

Absolute	Apsolutne
Ambitious	Ambiciozan
Aromatic	Aromatično
Artistic	Umetničke
Attractive	Atraktivne
Beautiful	Lepa
Dark	Tamno
Exotic	Egzotične
Generous	Velikodušan
Happy	Srećan
Heavy	Teška
Helpful	Korisno
Honest	Iskren
Identical	Identičan
Important	Važno
Modern	Moderan
Serious	Ozbiljan
Slow	Sporo
Thin	Tanak
Valuable	Vredne

Adjectives #2
Придеви Бр.

Authentic	Autentičan
Creative	Kreativne
Descriptive	Opisni
Dry	Suva
Elegant	Elegantan
Famous	Poznat
Gifted	Nadaren
Healthy	Zdrav
Hot	Vruće
Hungry	Gladan
Interesting	Zanimljivo
Natural	Prirodno
New	Nova
Productive	Produktivni
Proud	Ponosni
Responsible	Odgovoran
Salty	Slano
Sleepy	Pospan
Strong	Jak
Wild	Divlja

Adventure
Avantura

Activity	Aktivnost
Beauty	Lepota
Bravery	Hrabrost
Challenges	Izazova
Chance	Šansa
Dangerous	Opasan
Destination	Odredište
Difficulty	Teškoće
Enthusiasm	Entuzijazam
Excursion	Ekskurzije
Friends	Prijatelji
Itinerary	Program
Joy	Radost
Nature	Priroda
Navigation	Navigaciju
New	Nova
Preparation	Priprema
Safety	Sigurnost
Surprising	Iznenađujuće
Unusual	Neobično

Agronomy
Agronomija

Agriculture	Poljoprivrede
Diseases	Bolesti
Ecology	Ekologije
Energy	Energija
Environment	Okruženju
Erosion	Erozije
Farming	Zemljoradnju
Fertilizer	Đubriva
Food	Hrana
Organic	Organski
Plants	Biljke
Pollution	Zagađenja
Production	Proizvodnja
Rural	Ruralnih
Science	Nauke
Seeds	Seme
Study	Studija
Systems	Sistemi
Vegetables	Povrće
Water	Voda

Airplanes
Avioni

Adventure	Avantura
Air	Vazduh
Altitude	Visinu
Atmosphere	Atmosfera
Balloon	Balon
Construction	Konstrukcija
Crew	Posade
Descent	Silazak
Design	Dizajn
Engine	Motor
Fuel	Gorivo
Height	Visina
History	Istorija
Hydrogen	Vodonik
Landing	Sletanja
Passenger	Putnik
Pilot	Pilot
Propellers	Propelera
Sky	Nebo
Turbulence	Turbulencije

Algebra
Algebra

Diagram	Dijagram
Division	Odsek
Equation	Jednačina
Exponent	Eksponent
Factor	Faktor
False	Lažne
Formula	Formulu
Fraction	Frakcija
Graph	Graf
Infinite	Beskrajna
Linear	Linearne
Matrix	Matrica
Number	Broj
Parenthesis	Zagrada
Problem	Problem
Quantity	Količina
Solution	Rešenje
Subtraction	Oduzimanje
Variable	Promenljiva
Zero	Nula

Antarctica
Антарктика

Bay	Bej
Birds	Ptice
Clouds	Oblaci
Conservation	Očuvanje
Continent	Kontinent
Cove	Kov
Environment	Okruženju
Expedition	Ekspedicije
Geography	Geografije
Glaciers	Glečera
Ice	Led
Islands	Ostrva
Migration	Migracije
Peninsula	Poluostrvo
Researcher	Istraživač
Rocky	Roki
Scientific	Naučne
Temperature	Temperatura
Topography	Topografije
Water	Voda

Antiques
Antikviteti

Art	Umetnost
Auction	Aukciji
Authentic	Autentičan
Century	Vek
Coins	Kovanice
Decades	Decenija
Decorative	Dekorativne
Elegant	Elegantan
Furniture	Nameštaj
Gallery	Galerija
Investment	Investicija
Jewelry	Nakit
Old	Stari
Price	Cena
Quality	Kvalitet
Restoration	Restauracija
Sculpture	Skulpture
Style	Stil
Unusual	Neobično
Value	Vrednost

Archeology
Arheologija

Analysis	Analiza
Antiquity	Antike
Bones	Kosti
Civilization	Civilizacije
Descendant	Potomak
Era	Ere
Evaluation	Procena
Expert	Ekspert
Forgotten	Zaboravio
Fossil	Fosil
Fragments	Fragmenti
Mystery	Misterija
Objects	Objekte
Professor	Profesor
Relic	Relikvija
Researcher	Istraživač
Team	Tim
Temple	Hram
Tomb	Grobnica
Unknown	Nepoznat

Art Supplies
Umetnički Pribor

Acrylic	Akril
Brushes	Četke
Camera	Kamera
Chair	Stolica
Charcoal	Ugalj
Clay	Klej
Colors	Boje
Creativity	Kreativnost
Easel	Stalak
Eraser	Gumica
Glue	Lepak
Ideas	Ideje
Ink	Mastilo
Oil	Ulje
Paper	Papir
Pastels	Pastela
Pencils	Olovke
Table	Sto
Water	Voda
Watercolors	Akvareli

Astronomy
Astronomija

Asteroid	Asteroid
Astronaut	Astronauta
Astronomer	Astronom
Constellation	Sazvežđe
Cosmos	Kosmos
Earth	Zemlje
Eclipse	Pomračenje
Equinox	Ravnodnevnica
Galaxy	Galaksija
Meteor	Meteor
Moon	Mesec
Nebula	Nebula
Observatory	Opservatorije
Planet	Planete
Radiation	Zračenja
Rocket	Raketa
Satellite	Satelit
Sky	Nebo
Supernova	Supernova
Zodiac	Zodijaka

Ballet
Balet

Applause	Aplauz
Artistic	Umetničke
Audience	Publike
Ballerina	Balerina
Choreography	Koreografija
Composer	Kompozitor
Dancers	Plesača
Expressive	Izražajan
Gesture	Gest
Graceful	Graciozan
Intensity	Intenzitet
Muscles	Mišića
Music	Muzika
Orchestra	Orkestar
Practice	Vežba
Rehearsal	Probe
Rhythm	Ritam
Skill	Veština
Style	Stil
Technique	Tehnika

Barbecues
Роштиљ

Chicken	Pile
Children	Deca
Dinner	Večera
Family	Porodica
Food	Hrana
Forks	Viljuške
Friends	Prijatelji
Fruit	Voće
Games	Igre
Grill	Roštilj
Hot	Vruće
Hunger	Glad
Knives	Noževi
Music	Muzika
Salads	Salate
Salt	So
Sauce	Sos
Summer	Leto
Tomatoes	Paradajz
Vegetables	Povrće

Beauty
Lepota

Charm	Šarm
Color	Boja
Cosmetics	Kozmetika
Curls	Lokne
Elegance	Eleganciju
Elegant	Elegantan
Fragrance	Miris
Grace	Grejs
Lipstick	Ruž
Makeup	Šminka
Mascara	Maskara
Mirror	Ogledalo
Oils	Ulja
Photogenic	Fotogeniиan
Products	Proizvodi
Scissors	Makaze
Services	Usluge
Shampoo	Šampon
Skin	Koža
Stylist	Stilista

Bees
Pčele

Beneficial	Koristan
Blossom	Cvet
Diversity	Raznolikost
Ecosystem	Ekosistem
Flowers	Cveće
Food	Hrana
Fruit	Voće
Garden	Bašta
Habitat	Stanište
Hive	Košnice
Honey	Med
Insect	Insekt
Plants	Biljke
Pollen	Polen
Pollinator	Oprašivač
Queen	Kraljica
Smoke	Dim
Sun	Sunce
Swarm	Roj
Wax	Vosak

Biology
Biologija

Anatomy	Anatomije
Bacteria	Bakterija
Cell	Ćeliju
Chromosome	Hromozom
Collagen	Kolagena
Embryo	Embrion
Enzyme	Enzim
Evolution	Evolucije
Hormone	Hormon
Mammal	Sisar
Mutation	Mutacije
Natural	Prirodno
Nerve	Nerva
Neuron	Neuron
Osmosis	Osmoze
Photosynthesis	Fotosinteza
Protein	Proteina
Reptile	Reptil
Symbiosis	Simbioze
Synapse	Sinapse

Birds
Ptice

Canary	Kanarinac
Chicken	Pile
Crow	Vrana
Cuckoo	Kukavica
Dove	Golub
Duck	Patka
Eagle	Orao
Egg	Jaje
Flamingo	Flamingo
Goose	Guska
Heron	Heron
Ostrich	Noja
Parrot	Papagaj
Peacock	Paun
Pelican	Pelikan
Penguin	Pingvin
Sparrow	Vrapca
Stork	Roda
Swan	Labud
Toucan	Tukan

Boats
Brodovi

Anchor	Sidro
Buoy	Bova
Canoe	Kanu
Crew	Posade
Dock	Dok
Engine	Motor
Ferry	Trajekt
Kayak	Kajak
Lake	Jezero
Mast	Jarbol
Nautical	Nautičkih
Ocean	Okean
Raft	Splav
River	Reke
Rope	Konopac
Sailboat	Jedrilica
Sailor	Mornar
Sea	More
Tide	Plime
Yacht	Jahte

Books
Knjige

Adventure	Avantura
Author	Autor
Collection	Kolekcija
Context	Kontekst
Duality	Dvojnost
Epic	Epske
Historical	Istorijski
Humorous	Duhovit
Inventive	Inventivni
Literary	Književne
Narrator	Narator
Novel	Roman
Page	Strana
Poem	Pesma
Poetry	Poezije
Reader	Čitač
Relevant	Relevantno
Story	Priča
Tragic	Tragične
Written	Napisan

Buildings
Zgrade

Apartment	Stan
Barn	Ambar
Cabin	Kabine
Castle	Zamak
Cinema	Bioskop
Embassy	Ambasade
Factory	Fabrike
Hospital	Bolnica
Hostel	Hostel
Hotel	Hotel
Laboratory	Laboratorija
Museum	Muzej
Observatory	Opservatorije
School	Škola
Stadium	Stadion
Supermarket	Supermarketa
Tent	Šator
Theater	Pozorište
Tower	Kula
University	Univerzitet

Business
Biznis

Budget	Budžet
Career	Karijera
Company	Kompanija
Cost	Troška
Currency	Valute
Discount	Popust
Economics	Ekonomije
Employee	Zaposlenog
Employer	Poslodavca
Factory	Fabrike
Finance	Finansija
Income	Prihod
Investment	Investicija
Manager	Menadžer
Merchandise	Robe
Money	Novac
Office	Kancelarije
Sale	Prodaja
Shop	Radnju
Taxes	Porez

Camping
Kampovanje

Adventure	Avantura
Animals	Životinje
Cabin	Kabine
Canoe	Kanu
Compass	Kompas
Fire	Požar
Forest	Šuma
Fun	Zabava
Hammock	Viseća
Hat	Šešir
Hunting	Lov
Insect	Insekt
Lake	Jezero
Map	Mapa
Moon	Mesec
Mountain	Planine
Nature	Priroda
Rope	Konopac
Tent	Šator
Trees	Drveća

Chemistry
Hemija

Acid	Kiseline
Alkaline	Alkalne
Atomic	Atomske
Carbon	Ugljenik
Catalyst	Katalizator
Chlorine	Hlor
Electron	Elektron
Enzyme	Enzim
Gas	Gas
Heat	Toplote
Hydrogen	Vodonik
Ion	Jon
Liquid	Tečnog
Molecule	Molekul
Nuclear	Nuklearne
Organic	Organski
Oxygen	Kiseonik
Salt	So
Temperature	Temperatura
Weight	Težina

Chocolate
Čokolada

Antioxidant	Antioksidans
Aroma	Arome
Artisanal	Zanatski
Bitter	Gorka
Cacao	Kakao
Calories	Kalorija
Candy	Bombona
Caramel	Karamel
Coconut	Kokos
Delicious	Ukusno
Exotic	Egzotične
Favorite	Omiljeni
Ingredient	Sastojak
Peanuts	Kikiriki
Powder	Prah
Quality	Kvalitet
Recipe	Recept
Sugar	Šećera
Sweet	Slatko
Taste	Ukus

Clothes
Odeća

Apron	Kecelja
Belt	Pojas
Blouse	Bluza
Bracelet	Narukvica
Coat	Kaput
Dress	Haljina
Fashion	Moda
Gloves	Rukavice
Hat	Šešir
Jacket	Jaknu
Jeans	Farmerke
Jewelry	Nakit
Pajamas	Pidžame
Pants	Pantalone
Sandals	Sandale
Scarf	Šal
Shirt	Košulja
Shoe	Cipela
Skirt	Suknja
Sweater	Džemper

Countries #1
Zemlje #1

Brazil	Brazil
Canada	Kanada
Egypt	Egipat
Finland	Finska
Germany	Nemačka
Iraq	Irak
Israel	Izrael
Italy	Italija
Latvia	Letonija
Libya	Libija
Morocco	Maroko
Nicaragua	Nikaragva
Norway	Norveška
Panama	Panama
Poland	Poljska
Romania	Rumunija
Senegal	Senegal
Spain	Španija
Venezuela	Venecuela
Vietnam	Vijetnam

Countries #2
Zemlje #2

Albania	Albanija
Denmark	Danska
Ethiopia	Etiopije
Greece	Grčke
Haiti	Haiti
Jamaica	Jamajka
Japan	Japan
Laos	Laos
Lebanon	Liban
Liberia	Liberije
Mexico	Meksiko
Nepal	Nepal
Nigeria	Nigerija
Pakistan	Pakistan
Russia	Rusija
Somalia	Somalije
Sudan	Sudan
Syria	Sirije
Uganda	Ugandi
Ukraine	Ukrajina

Creativity
Kreativnost

Artistic	Umetničke
Authenticity	Autentičnost
Clarity	Jasnoće
Dramatic	Dramatičan
Emotions	Emocija
Expression	Izraz
Feelings	Osećanja
Ideas	Ideje
Image	Slika
Imagination	Mašte
Impression	Utisak
Inspiration	Inspiracija
Intensity	Intenzitet
Intuition	Intuiciju
Inventive	Inventivni
Sensation	Senzacija
Skill	Veština
Spontaneous	Spontani
Visions	Vizije
Vitality	Vitalnost

Days and Months
Dani i Meseci

April	April
August	Avgust
Calendar	Kalendar
February	Februar
Friday	Petak
January	Januar
July	Jul
March	Marš
May	Maj
Monday	Ponedeljak
Month	Meseca
November	Novembar
October	Oktobar
Saturday	Subota
September	Septembar
Thursday	Četvrtak
Tuesday	Utorak
Wednesday	Sreda
Week	Nedelja
Year	Godina

Diplomacy
Diplomatija

Adviser	Savetnik
Ambassador	Ambasador
Citizens	Građana
Civic	Građanske
Community	Zajednica
Conflict	Sukoba
Cooperation	Saradnja
Diplomatic	Diplomatske
Discussion	Diskusije
Embassy	Ambasade
Ethics	Etike
Government	Vlada
Humanitarian	Humanitarne
Integrity	Integritet
Justice	Pravda
Politics	Politike
Resolution	Rezolucija
Security	Sigurnost
Solution	Rešenje
Treaty	Ugovora

Disease
Bolest

Abdominal	Trbušnjaci
Allergies	Alergije
Bacterial	Bakterija
Body	Telo
Bones	Kosti
Chronic	Hronične
Contagious	Zarazne
Genetic	Genetske
Health	Zdravlje
Heart	Srce
Hereditary	Nasledne
Immunity	Imunitet
Inflammation	Upalu
Lumbar	Lumbalne
Neuropathy	Neuropatija
Pathogens	Patogena
Respiratory	Respiratorna
Syndrome	Sindrom
Therapy	Terapija
Weak	Slab

Driving
Vožnja

Accident	Nesreća
Brakes	Kočnice
Car	Kola
Danger	Opasnost
Driver	Vozač
Fuel	Gorivo
Garage	Garaža
Gas	Gas
License	Licencu
Map	Mapa
Motorcycle	Motor
Pedestrian	Pešak
Police	Policija
Road	Put
Safety	Sigurnost
Speed	Brzina
Street	Ulici
Traffic	Saobraćaja
Truck	Kamion
Tunnel	Tunel

Ecology
Ekologija

Climate	Klima
Communities	Zajednice
Diversity	Raznolikost
Drought	Suše
Fauna	Faune
Flora	Flore
Global	Globalno
Habitat	Stanište
Marine	Morskih
Marsh	Močvara
Mountains	Planine
Natural	Prirodno
Nature	Priroda
Plants	Biljke
Resources	Resurse
Species	Vrste
Survival	Opstanak
Sustainable	Održiv
Vegetation	Vegetacije
Volunteers	Volontera

Electricity
Електрична Енергија

Battery	Baterije
Bulb	Sijalica
Cable	Kabl
Electric	Električni
Electrician	Električar
Equipment	Oprema
Generator	Generator
Lamp	Lampa
Laser	Laser
Magnet	Magnet
Negative	Negativne
Network	Mreža
Objects	Objekte
Positive	Pozitivno
Quantity	Količina
Socket	Utičnica
Storage	Skladište
Telephone	Telefon
Television	Televizija
Wires	Žice

Emotions
Emocije

Anger	Bes
Bliss	Blaženstvo
Boredom	Dosade
Calm	Mirno
Content	Sadržaj
Embarrassed	Sramota
Fear	Strah
Grateful	Zahvalan
Joy	Radost
Kindness	Ljubaznost
Love	Ljubav
Peace	Mir
Relaxed	Opušteno
Relief	Reljef
Sadness	Tuga
Satisfied	Zadovoljan
Surprise	Iznenađenje
Sympathy	Simpatije
Tenderness	Nežnost
Tranquility	Spokoj

Energy
Energija

Battery	Baterije
Carbon	Ugljenik
Diesel	Dizel
Electric	Električni
Electron	Elektron
Entropy	Entropije
Environment	Okruženju
Fuel	Gorivo
Gasoline	Benzin
Heat	Toplote
Hydrogen	Vodonik
Industry	Industrija
Motor	Motor
Nuclear	Nuklearne
Photon	Foton
Pollution	Zagađenja
Renewable	Obnovljive
Steam	Pare
Turbine	Turbinu
Wind	Vetar

Engineering
Инжењерска Уметност

Angle	Ugao
Axis	Ose
Calculation	Obračun
Construction	Konstrukcija
Depth	Dubina
Diagram	Dijagram
Diameter	Prečnik
Diesel	Dizel
Distribution	Distribucija
Energy	Energija
Gears	Zupčanika
Levers	Poluge
Liquid	Tečnog
Machine	Mašina
Measurement	Merenje
Motor	Motor
Propulsion	Pogon
Stability	Stabilnost
Strength	Snage
Structure	Struktura

Family
Porodica

Ancestor	Predak
Aunt	Tetka
Brother	Brat
Child	Dete
Childhood	Detinjstva
Children	Deca
Cousin	Rođak
Daughter	Ćerka
Grandchild	Unuka
Grandfather	Deda
Grandson	Unuk
Husband	Muž
Maternal	Majčinske
Mother	Majka
Nephew	Nećak
Niece	Nećakinja
Paternal	Očinske
Sister	Sestra
Uncle	Ujak
Wife	Supruga

Farm #1
Фарма Бр.

Agriculture	Poljoprivrede
Bee	Pčela
Bison	Bizon
Calf	Tele
Cat	Mačka
Chicken	Pile
Cow	Krava
Crow	Vrana
Dog	Pas
Donkey	Magarac
Fence	Ograde
Fertilizer	Đubriva
Field	Polje
Goat	Koza
Hay	Seno
Honey	Med
Horse	Konj
Rice	Pirinač
Seeds	Seme
Water	Voda

Farm #2
Фарма # 2

Animals	Životinje
Barley	Ječam
Barn	Ambar
Corn	Kukuruz
Duck	Patka
Farmer	Farmer
Food	Hrana
Fruit	Voće
Irrigation	Navodnjavanje
Lamb	Jagnje
Llama	Lame
Meadow	Livada
Milk	Mleka
Orchard	Voćnjak
Sheep	Ovce
Shepherd	Pastir
Tractor	Traktor
Vegetable	Povrća
Wheat	Pšenice
Windmill	Vetrenjača

Fashion
Moda

Affordable	Povoljnim
Boutique	Butik
Buttons	Dugmad
Clothing	Odeću
Comfortable	Udoban
Elegant	Elegantan
Embroidery	Vez
Expensive	Skupo
Fabric	Tkanina
Lace	Čipke
Measurements	Mere
Minimalist	Minimalista
Modern	Moderan
Modest	Skroman
Original	Originalne
Pattern	Obrazac
Practical	Praktične
Style	Stil
Texture	Teksture
Trend	Trend

Flowers
Cveće

Bouquet	Buket
Clover	Detelina
Daisy	Dejzi
Dandelion	Maslačak
Gardenia	Gardenija
Hibiscus	Hibiskus
Jasmine	Jasmin
Lavender	Lavande
Lilac	Jorgovan
Lily	Lili
Magnolia	Magnolije
Orchid	Orhideja
Passionflower	Passionflover
Peony	Božur
Petal	Latica
Plumeria	Plumerija
Poppy	Maka
Rose	Ruža
Sunflower	Suncokret
Tulip	Lala

Food #1
Храна Бр.

Apricot	Kajsije
Barley	Ječam
Basil	Bosiljak
Carrot	Šargarepa
Cinnamon	Cimet
Garlic	Beli Luk
Juice	Sok
Lemon	Limun
Milk	Mleka
Onion	Luk
Peanut	Kikiriki
Pear	Kruške
Salad	Salata
Salt	So
Soup	Supa
Spinach	Spanać
Strawberry	Jagoda
Sugar	Šećera
Tuna	Tuna
Turnip	Repa

Food #2
Храна # 2

Apple	Jabuka
Artichoke	Artičoke
Banana	Banane
Broccoli	Brokoli
Celery	Celer
Cheese	Sir
Cherry	Višnje
Chicken	Pile
Chocolate	Čokolada
Egg	Jaje
Eggplant	Patlidžan
Fish	Ribe
Grape	Grožđa
Ham	Šunka
Kiwi	Kivi
Mushroom	Gljiva
Rice	Pirinač
Tomato	Paradajz
Wheat	Pšenice
Yogurt	Jogurt

Force and Gravity
Sila i Gravitacija

Axis	Ose
Center	Centar
Discovery	Otkriće
Distance	Udaljenost
Dynamic	Dinamičan
Expansion	Ekspanzija
Friction	Trenja
Impact	Uticaj
Magnetism	Magnetizam
Mechanics	Mehanike
Motion	Pokretu
Orbit	Orbitu
Physics	Fizike
Planets	Planete
Pressure	Pritisak
Properties	Svojstva
Speed	Brzina
Time	Vreme
Universal	Univerzalna
Weight	Težina

Fruit
Voće

Apple	Jabuka
Apricot	Kajsije
Avocado	Avokado
Banana	Banane
Berry	Berri
Cherry	Višnje
Coconut	Kokos
Fig	Fig
Grape	Grožđa
Kiwi	Kivi
Lemon	Limun
Mango	Mango
Melon	Dinja
Nectarine	Nektarina
Orange	Pomorandža
Papaya	Papaja
Peach	Breskve
Pear	Kruške
Pineapple	Ananas
Raspberry	Maline

Garden
Гарден

Bench	Klupa
Bush	Grm
Fence	Ograde
Flower	Cvet
Garage	Garaža
Garden	Bašta
Grass	Trava
Hammock	Viseća
Hose	Crevo
Lawn	Travnjak
Orchard	Voćnjak
Pond	Jezeru
Porch	Trem
Rake	Grablje
Shovel	Lopata
Terrace	Terasa
Trampoline	Trampolin
Tree	Drvo
Vine	Vajn
Weeds	Korov

Gardening
Baštovanstvo

Blossom	Cvet
Botanical	Botanički
Bouquet	Buket
Climate	Klima
Compost	Kompost
Container	Kontejner
Dirt	Prljavštine
Edible	Jestivo
Exotic	Egzotične
Floral	Cvetni
Foliage	Lišće
Hose	Crevo
Leaf	List
Moisture	Vlage
Orchard	Voćnjak
Seasonal	Sezonski
Seeds	Seme
Soil	Zemlja
Species	Vrste
Water	Voda

Geography
Geografija

Altitude	Visinu
Atlas	Atlas
City	Grad
Continent	Kontinent
Country	Zemlju
Elevation	Visina
Hemisphere	Hemisfere
Island	Ostrvo
Map	Mapa
Meridian	Meridijan
Mountain	Planine
North	Sever
Ocean	Okean
Region	Regiona
River	Reke
Sea	More
South	Jug
Territory	Teritorije
West	Zapad
World	Svet

Geology
Geologija

Acid	Kiseline
Calcium	Kalcijum
Cavern	Kaverna
Continent	Kontinent
Coral	Koral
Crystals	Kristala
Cycles	Ciklusa
Earthquake	Zemljotres
Erosion	Erozije
Fossil	Fosil
Geyser	Gejzir
Lava	Lava
Layer	Sloj
Minerals	Minerala
Plateau	Plato
Quartz	Kvarc
Salt	So
Stalactite	Stalaktit
Stone	Kamen
Volcano	Vulkan

Geometry
Geometrija

Angle	Ugao
Calculation	Obračun
Circle	Krug
Curve	Krive
Diameter	Prečnik
Dimension	Dimenziju
Equation	Jednačina
Height	Visina
Horizontal	Horizontalne
Logic	Logike
Mass	Mase
Median	Medijana
Number	Broj
Parallel	Paralelni
Proportion	Procenat
Segment	Segment
Surface	Površina
Symmetry	Simetrija
Theory	Teorije
Triangle	Trougao

Global Warming
Globalno Zagrevanje

Arctic	Arktik
Attention	Pažnja
Climate	Klima
Crisis	Krize
Data	Podataka
Development	Razvoj
Energy	Energija
Environmental	Ekološka
Future	Budućnost
Gas	Gas
Generations	Generacije
Government	Vlada
Habitats	Staništa
Industry	Industrija
International	Međunarodni
Legislation	Zakona
Now	Sada
Populations	Populacije
Scientist	Naučnik
Temperatures	Temperature

Government
Vlade

Citizenship	Državljanstva
Civil	Civilni
Constitution	Ustav
Democracy	Demokratije
Discussion	Diskusije
District	Okrug
Equality	Jednakost
Independence	Nezavisnost
Judicial	Sudske
Justice	Pravda
Law	Zakon
Leader	Lider
Liberty	Slobode
Monument	Spomenik
Nation	Nacije
Peaceful	Mirno
Politics	Politike
Speech	Govor
State	Države
Symbol	Simbol

Hair Types
Tipovi Kose

Bald	Ćelav
Black	Crna
Blond	Plava
Braided	Pleteni
Braids	Pletenice
Brown	Braon
Colored	Obojene
Curls	Lokne
Curly	Kovrdžava
Dry	Suva
Gray	Siva
Healthy	Zdrav
Long	Dugo
Shiny	Sjajna
Short	Kratak
Soft	Meka
Thick	Debeo
Thin	Tanak
Wavy	Talasasta
White	Beo

Health and Wellness #1
Zdravlje i Vellness #1

Active	Aktivan
Bacteria	Bakterija
Bones	Kosti
Clinic	Klinici
Doctor	Lekar
Fracture	Prelom
Habit	Navika
Height	Visina
Hormones	Hormona
Hunger	Glad
Medicine	Lek
Muscles	Mišića
Nerves	Živaca
Pharmacy	Apoteke
Reflex	Refleks
Relaxation	Relaksacija
Skin	Koža
Therapy	Terapija
Treatment	Tretman
Virus	Virus

Health and Wellness #2
Zdravlje i Vellness #2

Allergy	Alergije
Anatomy	Anatomije
Appetite	Apetit
Blood	Krv
Calorie	Kalorija
Dehydration	Dehidracije
Diet	Dijeta
Disease	Bolest
Energy	Energija
Genetics	Genetike
Healthy	Zdrav
Hospital	Bolnica
Hygiene	Higijene
Infection	Infekcije
Massage	Masaža
Nutrition	Ishrane
Recovery	Oporavak
Stress	Stres
Vitamin	Vitamin
Weight	Težina

Herbalism
Herbalizam

Aromatic	Aromatično
Basil	Bosiljak
Beneficial	Koristan
Culinary	Kulinarske
Fennel	Komorač
Flavor	Ukus
Flower	Cvet
Garden	Bašta
Garlic	Beli Luk
Green	Zelen
Ingredient	Sastojak
Lavender	Lavande
Marjoram	Majoran
Mint	Nane
Oregano	Origano
Parsley	Peršun
Plant	Biljka
Rosemary	Ruzmarin
Saffron	Šafran
Tarragon	Estragon

Hiking
Planinarenje

Animals	Životinje
Boots	Čizme
Camping	Kampovanje
Cliff	Klif
Climate	Klima
Guides	Vodiči
Hazards	Opasnosti
Heavy	Teška
Map	Mapa
Mountain	Planine
Nature	Priroda
Orientation	Položaj
Parks	Parkova
Preparation	Priprema
Stones	Kamenje
Summit	Samit
Sun	Sunce
Tired	Umoran
Water	Voda
Wild	Divlja

House
Kuća

Attic	Tavanu
Broom	Metla
Curtains	Zavese
Door	Vrata
Fence	Ograde
Fireplace	Kamin
Floor	Pod
Furniture	Nameštaj
Garage	Garaža
Garden	Bašta
Keys	Tasteri
Kitchen	Kuhinja
Lamp	Lampa
Library	Biblioteke
Mirror	Ogledalo
Roof	Krov
Room	Soba
Shower	Tuš
Wall	Zid
Window	Prozor

Human Body
Ljudsko Telo

Ankle	Skočni Zglob
Blood	Krv
Bones	Kosti
Brain	Mozak
Chin	Brada
Ear	Uvo
Elbow	Lakat
Face	Lice
Finger	Prst
Hand	Ruka
Head	Glava
Heart	Srce
Jaw	Vilice
Knee	Koleno
Leg	Nogu
Mouth	Usta
Neck	Vrat
Nose	Nos
Shoulder	Rame
Skin	Koža

Jazz
Džez

Album	Album
Applause	Aplauz
Artist	Umetnik
Composer	Kompozitor
Composition	Sastav
Concert	Koncert
Drums	Bubnjevi
Emphasis	Naglasak
Famous	Poznat
Favorites	Favorita
Improvisation	Improvizacije
Music	Muzika
New	Nova
Old	Stari
Orchestra	Orkestar
Rhythm	Ritam
Song	Pesma
Style	Stil
Talent	Talenat
Technique	Tehnika

Kitchen
Kuhinja

Apron	Kecelja
Bowl	Činiju
Chopsticks	Štapići
Cups	Šolje
Food	Hrana
Forks	Viljuške
Freezer	Zamrzivač
Grill	Roštilj
Jar	Teglu
Jug	Vrč
Kettle	Čajnik
Knives	Noževi
Ladle	Lonca
Napkin	Salveta
Oven	Rerna
Recipe	Recept
Refrigerator	Frižider
Spices	Začini
Sponge	Sunđer
Spoons	Kašike

Landscapes
Pejzaži

Beach	Plaža
Cave	Pećine
Desert	Pustinji
Geyser	Gejzir
Glacier	Glečer
Hill	Brdo
Iceberg	Ledenog Brega
Island	Ostrvo
Lake	Jezero
Mountain	Planine
Oasis	Oaze
Ocean	Okean
Peninsula	Poluostrvo
River	Reke
Sea	More
Swamp	Močvara
Tundra	Tundre
Valley	Dolini
Volcano	Vulkan
Waterfall	Vodopad

Literature
Književnost

Analogy	Analogija
Analysis	Analiza
Anecdote	Anegdota
Author	Autor
Biography	Biografija
Comparison	Poređenje
Conclusion	Zaključak
Description	Opis
Dialogue	Dijalog
Fiction	Fikcija
Metaphor	Metafora
Narrator	Narator
Novel	Roman
Poem	Pesma
Poetic	Pesničke
Rhyme	Rime
Rhythm	Ritam
Style	Stil
Theme	Tema
Tragedy	Tragedije

Mammals
Sisari

Bear	Medved
Beaver	Dabar
Bull	Bik
Cat	Mačka
Coyote	Kojota
Dog	Pas
Dolphin	Delfin
Elephant	Slon
Fox	Lisica
Giraffe	Žirafa
Gorilla	Gorila
Horse	Konj
Kangaroo	Kengur
Lion	Lav
Monkey	Majmun
Rabbit	Zec
Sheep	Ovce
Whale	Kit
Wolf	Vuk
Zebra	Zebra

Math
Matematike

Angles	Uglova
Arithmetic	Aritmetika
Circumference	Obim
Decimal	Decimalne
Diameter	Prečnik
Equation	Jednačina
Exponent	Eksponent
Fraction	Frakcija
Geometry	Geometrije
Numbers	Brojeve
Parallel	Paralelni
Parallelogram	Paralelogram
Perimeter	Perimetar
Polygon	Poligona
Radius	Radijus
Rectangle	Pravougaonik
Square	Kvadrat
Symmetry	Simetrija
Triangle	Trougao
Volume	Volumen

Measurements
Меасуременгс

Byte	Bajt
Centimeter	Centimetar
Decimal	Decimalne
Degree	Stepen
Depth	Dubina
Gram	Gram
Height	Visina
Inch	Inča
Kilogram	Kilogram
Kilometer	Kilometar
Length	Dužina
Liter	Litar
Mass	Mase
Meter	Metar
Minute	Minut
Ounce	Unca
Ton	Tona
Volume	Volumen
Weight	Težina
Width	Širina

Meditation
Meditacija

Acceptance	Prihvatanje
Attention	Pažnja
Awake	Budan
Breathing	Disanje
Calm	Mirno
Clarity	Jasnoće
Compassion	Saosećanje
Emotions	Emocija
Gratitude	Zahvalnost
Habits	Navike
Kindness	Ljubaznost
Mental	Mentalne
Mind	Um
Movement	Pokret
Music	Muzika
Nature	Priroda
Peace	Mir
Perspective	Perspektive
Silence	Tišina
Thoughts	Misli

Music
Muzika

Album	Album
Ballad	Balada
Chorus	Hor
Classical	Klasične
Eclectic	Eklektičan
Harmonic	Harmonika
Harmony	Harmonije
Lyrical	Lirski
Melody	Melodi
Microphone	Mikrofon
Musical	Muzičke
Musician	Muzičar
Opera	Opere
Poetic	Pesničke
Recording	Snimanje
Rhythm	Ritam
Rhythmic	Ritmičke
Sing	Pevam
Singer	Pevačica
Vocal	Vokal

Musical Instruments
Muzički Instrumenti

Banjo	Bendžo
Bassoon	Fagot
Cello	Violončelo
Clarinet	Klarinet
Drum	Bubanj
Drumsticks	Batak
Flute	Flauta
Gong	Gong
Guitar	Gitara
Harmonica	Harmonika
Harp	Harfe
Mandolin	Mandolina
Oboe	Obou
Percussion	Udaraljke
Piano	Klavir
Saxophone	Saksofon
Tambourine	Tamburaša
Trombone	Trombon
Trumpet	Truba
Violin	Violinu

Mythology
Mitologija

Archetype	Arhetip
Behavior	Ponašanje
Beliefs	Uverenja
Creation	Stvaranje
Creature	Stvorenje
Culture	Kultura
Deities	Božanstava
Disaster	Katastrofe
Heaven	Nebesa
Hero	Heroj
Immortality	Besmrtnost
Jealousy	Ljubomore
Labyrinth	Lavirint
Legend	Legenda
Lightning	Munje
Monster	Čudovište
Mortal	Smrtni
Revenge	Osveta
Thunder	Grmljavina
Warrior	Ratnik

Nature
Priroda

Animals	Životinje
Arctic	Arktik
Beauty	Lepota
Bees	Pčele
Clouds	Oblaci
Desert	Pustinji
Dynamic	Dinamičan
Erosion	Erozije
Fog	Magla
Foliage	Lišće
Forest	Šuma
Glacier	Glečer
Mountains	Planine
Peaceful	Mirno
River	Reke
Sanctuary	Svetilište
Serene	Spokojan
Tropical	Tropske
Vital	Vitalni
Wild	Divlja

Numbers
Brojevi

Decimal	Decimalne
Eight	Osam
Eighteen	Osamnaest
Fifteen	Petnaest
Five	Pet
Four	Četiri
Fourteen	Četrnaest
Nine	Devet
Nineteen	Devetnaest
One	Jedan
Seven	Sedam
Seventeen	Sedamnaest
Six	Šest
Sixteen	Šesnaest
Ten	Deset
Thirteen	Trinaest
Three	Tri
Twelve	Dvanaest
Twenty	Dvadeset
Two	Dva

Nutrition
Ishrana

Appetite	Apetit
Balanced	Uravnotežen
Bitter	Gorka
Calories	Kalorija
Diet	Dijeta
Digestion	Varenje
Edible	Jestivo
Fermentation	Fermentacije
Flavor	Ukus
Habits	Navike
Health	Zdravlje
Healthy	Zdrav
Liquids	Tečnosti
Proteins	Proteina
Quality	Kvalitet
Sauce	Sos
Spices	Začini
Toxin	Otrov
Vitamin	Vitamin
Weight	Težina

Ocean
Okeana

Algae	Alge
Coral	Koral
Crab	Kraba
Dolphin	Delfin
Eel	Jegulja
Fish	Ribe
Jellyfish	Meduza
Octopus	Hobotnice
Oyster	Ostriga
Reef	Greben
Salt	So
Shark	Ajkula
Shrimp	Škampi
Sponge	Sunđer
Storm	Oluja
Tides	Plime
Tuna	Tuna
Turtle	Kornjača
Waves	Talasa
Whale	Kit

Philanthropy
Добротворна Организација

Challenges	Izazova
Charity	Milostinju
Children	Deca
Community	Zajednica
Contacts	Kontakti
Finance	Finansija
Funds	Sredstva
Generosity	Velikodušnost
Global	Globalno
Goals	Ciljeve
Groups	Grupe
History	Istorija
Honesty	Iskrenost
Humanity	Čovečanstvo
Mission	Misija
Need	Treba
People	Ljudi
Programs	Programi
Public	Javni
Youth	Mladost

Physics
Fizika

Acceleration	Ubrzanje
Atom	Atom
Chaos	Haos
Chemical	Hemijske
Density	Gustine
Electron	Elektron
Engine	Motor
Formula	Formulu
Frequency	Frekvencija
Gas	Gas
Magnetism	Magnetizam
Mass	Mase
Mechanics	Mehanike
Molecule	Molekul
Nuclear	Nuklearne
Particle	Čestica
Relativity	Relativnost
Speed	Brzina
Universal	Univerzalna
Velocity	Brzine

Plants

Biljke

Bamboo	Bambus
Bean	Pasulj
Berry	Berri
Botany	Botanike
Bush	Grm
Cactus	Kaktus
Fertilizer	Đubriva
Flora	Flore
Flower	Cvet
Foliage	Lišće
Forest	Šuma
Garden	Bašta
Grass	Trava
Ivy	Bršljan
Moss	Mahovina
Petal	Latica
Root	Koren
Stem	Stem
Tree	Drvo
Vegetation	Vegetacije

Professions #1

Професије Бр.

Ambassador	Ambasador
Astronomer	Astronom
Attorney	Advokat
Banker	Bankar
Cartographer	Kartograf
Coach	Trener
Dancer	Plesačica
Doctor	Lekar
Editor	Urednik
Firefighter	Vatrogasac
Geologist	Geolog
Hunter	Lovac
Jeweler	Zlatar
Musician	Muzičar
Nurse	Sestra
Pianist	Pijanista
Psychologist	Psiholog
Sailor	Mornar
Tailor	Krojač
Veterinarian	Veterinar

Professions #2

Професије Бр.

Astronaut	Astronauta
Biologist	Biolog
Dentist	Zubar
Detective	Detektiv
Engineer	Inženjer
Farmer	Farmer
Gardener	Baštovan
Illustrator	Ilustrator
Inventor	Pronalazač
Journalist	Novinar
Librarian	Bibliotekar
Linguist	Lingvista
Painter	Slikar
Philosopher	Filozof
Photographer	Fotograf
Physician	Lekar
Pilot	Pilot
Surgeon	Hirurg
Teacher	Učitelj
Zoologist	Zoolog

Psychology

Psihologija

Appointment	Sastanak
Assessment	Procena
Behavior	Ponašanje
Childhood	Detinjstva
Clinical	Kliničke
Cognition	Spoznaje
Conflict	Sukoba
Dreams	Snove
Ego	Ego
Emotions	Emocija
Ideas	Ideje
Perception	Percepcije
Personality	Ličnosti
Problem	Problem
Reality	Realnost
Sensation	Senzacija
Subconscious	Podsvest
Therapy	Terapija
Thoughts	Misli
Unconscious	Nesvesno

Rainforest

Rainforest

Amphibians	Vodozemci
Birds	Ptice
Botanical	Botanički
Climate	Klima
Clouds	Oblaci
Community	Zajednica
Diversity	Raznolikost
Indigenous	Autohtonih
Insects	Insekti
Jungle	Džungli
Mammals	Sisara
Moss	Mahovina
Nature	Priroda
Preservation	Očuvanje
Refuge	Utočište
Respect	Poštovati
Restoration	Restauracija
Species	Vrste
Survival	Opstanak
Valuable	Vredne

Restaurant #2

Ресторан № 2

Beverage	Napitak
Cake	Torta
Chair	Stolica
Delicious	Ukusno
Dinner	Večera
Eggs	Jaja
Fish	Ribe
Fork	Viljuška
Fruit	Voće
Ice	Led
Lunch	Ručak
Noodles	Rezanci
Salad	Salata
Salt	So
Soup	Supa
Spices	Začini
Spoon	Kašika
Vegetables	Povrće
Waiter	Kelner
Water	Voda

Science
Nauka

Atom	Atom
Chemical	Hemijske
Climate	Klima
Data	Podataka
Evolution	Evolucije
Experiment	Eksperiment
Fact	Stvari
Fossil	Fosil
Gravity	Gravitacije
Hypothesis	Hipoteze
Laboratory	Laboratorija
Method	Metod
Minerals	Minerala
Molecules	Molekula
Nature	Priroda
Organism	Organizma
Particles	Čestice
Physics	Fizike
Plants	Biljke
Scientist	Naučnik

Science Fiction
Naučna Fantastika

Atomic	Atomske
Books	Knjige
Chemicals	Hemikalije
Cinema	Bioskop
Dystopia	Distopija
Explosion	Eksplozije
Extreme	Ekstremne
Fantastic	Fantastičan
Fire	Požar
Futuristic	Futuristički
Galaxy	Galaksija
Illusion	Iluzije
Imaginary	Imaginarne
Mysterious	Tajanstven
Oracle	Proročište
Planet	Planete
Robots	Robota
Technology	Tehnologija
Utopia	Utopije
World	Svet

Scientific Disciplines
Naučne Discipline

Anatomy	Anatomije
Archaeology	Arheologije
Astronomy	Astronomije
Biochemistry	Biohemije
Biology	Biologije
Botany	Botanike
Chemistry	Hemije
Ecology	Ekologije
Geology	Geologije
Immunology	Imunologije
Kinesiology	Kineziologije
Linguistics	Lingvistike
Mechanics	Mehanike
Mineralogy	Mineralogija
Neurology	Neurologije
Physiology	Fiziologije
Psychology	Psihologije
Sociology	Sociologije
Thermodynamics	Termodinamike
Zoology	Zoologije

Shapes
Oblici

Arc	Luk
Circle	Krug
Cone	Klip
Corner	Ugao
Cube	Kocka
Curve	Krive
Cylinder	Cilindar
Edges	Ivice
Ellipse	Elipse
Hyperbola	Hiperbola
Line	Red
Oval	Ovalne
Polygon	Poligona
Prism	Prizme
Pyramid	Piramide
Rectangle	Pravougaonik
Side	Strana
Sphere	Sferi
Square	Kvadrat
Triangle	Trougao

Spices
Začini

Anise	Anisa
Bitter	Gorka
Cardamom	Kardamom
Cinnamon	Cimet
Clove	Karanfilić
Coriander	Korijander
Cumin	Kumin
Curry	Kari
Fennel	Komorač
Flavor	Ukus
Garlic	Beli Luk
Ginger	Đumbir
Licorice	Sladiće
Onion	Luk
Paprika	Paprika
Pepper	Biber
Saffron	Šafran
Salt	So
Sweet	Slatko
Vanilla	Vanile

The Company
Kompanija

Business	Posao
Creative	Kreativne
Decision	Odluka
Employment	Zaposlenje
Global	Globalno
Industry	Industrija
Innovative	Inovativne
Investment	Investicija
Possibility	Mogućnost
Presentation	Prezentacija
Product	Proizvod
Professional	Profesionalni
Progress	Napredak
Quality	Kvalitet
Reputation	Ugled
Resources	Resurse
Revenue	Prihod
Risks	Rizici
Trends	Trendove
Units	Jedinice

The Media
Mediji

Attitudes	Stavova
Commercial	Komercijalni
Communication	Komunikacija
Digital	Digitalni
Edition	Izdanje
Education	Obrazovanje
Facts	Činjenice
Funding	Finansiranje
Individual	Pojedinac
Industry	Industrija
Intellectual	Intelektualne
Local	Lokalni
Magazines	Časopisima
Network	Mreža
Newspapers	Novine
Online	Online
Opinion	Mišljenje
Photos	Fotografije
Public	Javni
Radio	Radio

Time
Vreme

Annual	Godišnje
Before	Pre
Calendar	Kalendar
Century	Vek
Day	Dan
Decade	Decenije
Early	Rano
Future	Budućnost
Hour	Sat
Minute	Minut
Month	Meseca
Morning	Jutro
Night	Noć
Noon	Podne
Now	Sada
Soon	Uskoro
Today	Danas
Week	Nedelja
Year	Godina
Yesterday	Juče

Town
Grad

Airport	Aerodrom
Bakery	Pekara
Bank	Banke
Bookstore	Knjižara
Cinema	Bioskop
Clinic	Klinici
Florist	Cvećar
Gallery	Galerija
Hotel	Hotel
Library	Biblioteke
Market	Tržište
Museum	Muzej
Pharmacy	Apoteke
School	Škola
Stadium	Stadion
Store	Prodavnica
Supermarket	Supermarketa
Theater	Pozorište
University	Univerzitet
Zoo	Zoo Vrt

Universe
Univerzum

Asteroid	Asteroid
Astronomer	Astronom
Astronomy	Astronomije
Atmosphere	Atmosfera
Celestial	Nebesko
Cosmic	Kosmičke
Darkness	Tama
Eon	Eon
Equator	Ekvator
Galaxy	Galaksija
Hemisphere	Hemisfere
Horizon	Horizont
Moon	Mesec
Orbit	Orbitu
Sky	Nebo
Solar	Solarne
Solstice	Solsticija
Telescope	Teleskop
Visible	Vidljive
Zodiac	Zodijaka

Vacation #2
Одмор # 2

Airport	Aerodrom
Beach	Plaža
Camping	Kampovanje
Destination	Odredište
Foreign	Strani
Foreigner	Stranac
Holiday	Odmor
Hotel	Hotel
Island	Ostrvo
Journey	Putovanje
Leisure	Slobodno
Map	Mapa
Mountains	Planine
Passport	Pasoš
Sea	More
Taxi	Taksi
Tent	Šator
Train	Voz
Transportation	Prevoz
Visa	Viza

Vegetables
Povrće

Artichoke	Artičoke
Broccoli	Brokoli
Carrot	Šargarepa
Cauliflower	Karfiol
Celery	Celer
Cucumber	Krastavac
Eggplant	Patlidžan
Garlic	Beli Luk
Ginger	Đumbir
Mushroom	Gljiva
Onion	Luk
Parsley	Peršun
Pea	Graška
Pumpkin	Bundeve
Radish	Rotkvica
Salad	Salata
Shallot	Šalot
Spinach	Spanać
Tomato	Paradajz
Turnip	Repa

Vehicles
Vozila

Airplane	Avion
Ambulance	Hitnu
Bicycle	Bicikl
Boat	Čamac
Bus	Autobus
Car	Kola
Caravan	Karavan
Ferry	Trajekt
Helicopter	Helikopter
Motor	Motor
Raft	Splav
Rocket	Raketa
Scooter	Skuter
Shuttle	Šatl
Submarine	Podmornice
Subway	Metro
Taxi	Taksi
Tires	Gume
Tractor	Traktor
Truck	Kamion

Visual Arts
Vizuelne Umetnosti

Architecture	Arhitektura
Artist	Umetnik
Ceramics	Keramike
Chalk	Krede
Charcoal	Ugalj
Clay	Gline
Composition	Sastav
Creativity	Kreativnost
Easel	Stalak
Film	Film
Masterpiece	Remek-Delo
Painting	Slikarstvo
Pencil	Olovka
Perspective	Perspektive
Photograph	Fotografija
Portrait	Portret
Pottery	Grnčarije
Sculpture	Skulpture
Stencil	Šablon
Wax	Vosak

Water
Voda

Canal	Kanal
Damp	Vlažne
Evaporation	Isparavanja
Flood	Poplava
Frost	Mraz
Geyser	Gejzir
Humidity	Vlažnosti
Hurricane	Uragan
Ice	Led
Irrigation	Navodnjavanje
Lake	Ježero
Moisture	Vlage
Monsoon	Monsun
Ocean	Okeana
Rain	Kiše
River	Reke
Shower	Tuš
Snow	Sneg
Steam	Pare
Waves	Talasa

Weather
Vreme

Atmosphere	Atmosfera
Breeze	Povetarac
Climate	Klima
Cloud	Oblak
Drought	Suše
Dry	Suva
Fog	Magla
Hurricane	Uragan
Ice	Led
Lightning	Munje
Monsoon	Monsun
Polar	Polarni
Rainbow	Duga
Sky	Nebo
Storm	Oluja
Temperature	Temperatura
Thunder	Grmljavina
Tornado	Tornado
Tropical	Tropske
Wind	Vetar

Congratulations

You made it!

We hope you enjoyed this book as much as we enjoyed making it. We do our best to make high quality games.
These puzzles are designed in a clever way for you to learn actively while having fun!

Did you love them?

A Simple Request

Our books exist thanks your reviews. Could you help us by leaving one now?

Here is a short link which will take you to your order review page:

BestBooksActivity.com/Review50

MONSTER CHALLENGE!

Challenge #1

Ready for Your Bonus Game? We use them all the time but they are not so easy to find. Here are **Synonyms**!

Note 5 words you discovered in each of the Puzzles noted below (#21, #36, #76) and try to find 2 synonyms for each word.

Note 5 Words from ***Puzzle 21***

Words	Synonym 1	Synonym 2

Note 5 Words from ***Puzzle 36***

Words	Synonym 1	Synonym 2

Note 5 Words from ***Puzzle 76***

Words	Synonym 1	Synonym 2

Challenge #2

Now that you are warmed-up, note 5 words you discovered in each Puzzle noted below (#9, #17, #25) and try to find 2 antonyms for each word. How many lines can you do in 20 minutes?

Note 5 Words from ***Puzzle 9***

Words	Antonym 1	Antonym 2

Note 5 Words from ***Puzzle 17***

Words	Antonym 1	Antonym 2

Note 5 Words from ***Puzzle 25***

Words	Antonym 1	Antonym 2

Challenge #3

Wonderful, this monster  challenge is nothing to you!

Ready for the last one? Choose your 10 favorite words discovered in any of the Puzzles and note them below.

1.	6.
2.	7.
3.	8.
4.	9.
5.	10.

Now, using these words and within a maximum of six sentences, your challenge is to compose a text about a person, animal or place that you love!

Tip: You can use the last blank page of this book as a draft!

Your Writing:

NOTEBOOK:

SEE YOU SOON!

Linguas Classics Team

www.ingramcontent.com/pod-product-compliance
Lightning Source LLC
LaVergne TN
LVHW060319080526
838202LV00053B/4372
9782385110833